Georg Kastenbauer

Erkenne
Ich und Selbst

Auseinandersetzung mit Ken Wilbers Werk

Bibliografische Information der Deutschen Nationalbibliothek

Die Deutsche Nationalbibliothek verzeichnet diese Publikation
in der Deutschen Nationalbibliografie; detaillierte
bibliografische Daten sind im Internet über
http://dnb.d-nb.de
abrufbar.

Originalausgabe
© 2011 Georg Kastenbauer, München
Umschlaggestaltung: Rocky Hartmann
Alle Rechte vorbehalten, insbesondere das der
Übersetzung, des Nachdrucks, des öffentlichen
Vortrags, der Rundfunksendung, der Fernsehausstrahlung, der Wiedergabe auf fotomechanischem
oder ähnlichem Wege sowie der Speicherung in
Datenverarbeitungsanlagen, auch einzelner Teile.
Herstellung und Verlag: Books on Demand GmbH, Norderstedt

ISBN 978-3-8423-4474-7

„Es gibt … eine komplette spirituelle Lehre in sechs Worten. Wahrlich so perfekt, daß jeder, der sie wirklich befolgt, tatsächlich erwachen wird. *Frage dich selbst: Wer bin ich?* Wenn du es tust, wirst du erleuchtet werden. Es gibt keine denkbare Alternative."

Jed McKenna

Der Autor: Georg Kastenbauer ist 1964 geboren. Er studierte Philosophie, Neuere Deutsche Literatur und Psychologie in München und Tübingen. Er veröffentlichte 1998 im Herbert Utz Verlag *Anwenden und Deuten. Kripkes Wittgensteininterpretation und die Goethezeit* sowie bei Books on Demand 2001 *Hinweise zum Glück*, 2003 *Die Kunst, offen „Nein" zu sagen* und 2008 *Gut und Bösesein*. Er lebt in München.
E-Mail-Adresse: kastenbauer@gmx.de

Inhalt

Einleitung 7

1.	Einführung in Wilbers Werk	11
1.1	Vorbemerkung	11
1.2	Die integrale Theorie mit den fünf Kategorien der „AQAL-Matrix"	13
1.2.1	Ebenen	13
1.2.2	(Bewusstseins-)Zustände	42
1.2.3	Linien	45
1.2.4	Typen	46
1.2.5	Quadranten	48
1.3	Die integrale Lebenspraxis (ILP)	55
1.4	Wahrheitskriterien des integralen Ansatzes und post-metaphysische Interpretation	61
1.4.1	Instrumentelle Injunktion	62
1.4.2	Intuitive Apprehension	64
1.4.3	Gemeinschaftliche Bestätigung (oder Widerlegung)	65
1.4.4	Wilbers Doktrin der zwei Wahrheiten	66
1.4.5	Wilbers integrale Post-Metaphysik (IPM)	68
2.	Probleme in Wilbers Werk	71
2.1	Überblick auf die Gesamtproblematik	71
2.2	Wilbers Wahrheitsproblematik und Alternativen dazu	74
2.2.1	Unterscheidung von Realismus, Dogmatismus, Bewusstseinsphilosophie und Sprachphilosophie	75
2.2.2	Kripkes Wittgensteindeutung	77
2.2.3	Heideggers Wahrheitskonzept	85

2.3	Weitere Kritikpunkte und Alternativen dazu	95
2.3.1	Rekapitulation und Konsequenzen der bisherigen Ergebnisse	96
2.3.2	Wilbers integrale Theorie der Kunst	100
2.3.3	Das absichtslose Wissen	105
2.3.4	Ergebnisse der EGO-State-Therapie	108
3.	Schluss	111
Anhang		118
Anmerkungen		120
Bibliografie		136

Einleitung

Es geht in diesem Buch um die Differenz von Ich und Selbst, auch wenn davon explizit gar nicht so viel die Rede ist und im Vordergrund eine Auseinandersetzung mit Ken Wilbers Werk steht. Aber gerade dabei wird sich zeigen, wie wichtig es einerseits ist, der Entwicklung des Ichs nachzugehen, das sich seiner Endlichkeit und damit seinem Tod stellen muss. Andererseits ist das Ich nur ein Gewordenes und kann auch überstiegen werden. So gibt es etwas, aus dem das Ich paradoxerweise entwächst, obwohl es darin immer eingebettet bleibt. Das darüber hinaus auch da ist, wenn jemand die Grenzen seines Ichs überschreitet: das Selbst. Das Selbst ist damit ein Überbegriff, und zwar nicht nur für das menschliche Dasein, sondern für alles. In seiner umfassendsten Bedeutung kann dieser Begriff mit Heideggers Sein[1] gleichgesetzt werden. Das Selbst ist paradoxerweise somit immer schon da.

Für das menschliche Dasein heißt das: Egal auf welcher Stufe es sich befindet, es ist immer auch Selbst. Ob bei der ersten Stufe nach der Geburt, d. h. noch weit vor der Entwicklung des Ichs, oder bei der – laut Wilber – letzten, der sogenannten nondualen Stufe, bei der die Ich-Struktur völlig aufgelöst ist: Immer ist es auch Selbst. Man kann den Begriff des Selbst darum nicht eingrenzen. Er ist auch nichts Substantielles. Was unter ihm genauer zu verstehen ist, hoffe ich in meiner Darstellung des Werks von Ken Wilber noch genauer und anschaulicher aufzeigen zu können, auch wenn dadurch keineswegs alles daran geklärt werden kann.

Zu Person und Werk Wilbers ist einleitend zu sagen: Er ist 1949 in Oklahoma City geboren und lebt heute in Boulder/Colorado in den USA. Seit seinem ersten Buch *The spectrum of consciousness* von 1977[2] versucht er nichts weniger als eine große Synthese des bisherigen Weltwissens zu geben, damit sich der Mensch seinen Herausforderungen besser stellen kann. Zu diesem Zweck hat er den sogenannten „integralen Ansatz" entwickelt.

Darin entwirft er einerseits eine „Theorie von Allem", die sogenannte „AQAL-Matrix", die die Gemeinsamkeiten aller bisherigen wissenschaftlichen, philosophischen und spirituellen Untersuchungen auf globaler Basis integrieren soll. Ein Teil davon ist auch ein evolutionäres kosmologisches Entwicklungsmodell, das aufzeigen soll, inwiefern der Mensch letztlich ein Bewusstsein für das Selbst bekommt, welches das gesamte Sein umfasst.

Andererseits möchte er in dem mittlerweile gegründeten „Integral Institute" mit vielen Mitstreitern, auf seine Theorie aufbauend, eine integrale Lebenspraxis vermitteln.

Dieser Anspruch ist sehr hoch, und die „AQAL-Matrix" ist darum sehr komplex.

Insgesamt hat diese Theorie fünf Teile, die allerdings miteinander verwoben sind:

Im ersten Teil geht es Wilber vor allem um die schon angedeuteten aufeinanderfolgenden Entwicklungsstufen oder Ebenen, die sich im gesamten Universum feststellen lassen. Auf den Menschen bezogen, sind das Entwicklungsstufen, die vom unbewussten Einssein eines Neugeborenen mit seiner Umwelt bis zum völlig bewussten Dasein reichen, das sich als eins mit dem umfassenden Sein bzw. Selbst betrachtet.

In einem weiteren Teil unterscheidet er für diese Stufen verschiedene Entwicklungslinien – wie kognitiv, spirituell, moralisch etc. –, die unterschiedlich ausgeprägt werden können. D. h. jemand kann kognitiv, z. B. in seinem mathematisch-wissenschaftlichen Denken, sehr weit fortgeschritten sein und auf einer hohen Stufe stehen, moralisch aber noch immer einer primitiven Racheideologie wie „Auge um Auge, Zahn um Zahn" folgen.

In einem dritten Teil gibt er genaue Beschreibungen von (Bewusstseins-)Zuständen wie dem Wachbewusstsein, dem Traumbewusstsein und dem Zustand in der Tiefschlafphase. Dabei macht er u. a. darauf aufmerksam, dass die Tiefschlafphase paradoxerweise in vieler Hinsicht mit einem völlig bewussten Selbst zu vergleichen ist.

In einem vierten Teil wendet er sich den verschiedenen Typen von Menschen zu. Dabei befasst er sich z. B. eingehend mit Genderforschung bzw. den typologischen Unterschieden von Mann und Frau.

Schließlich unterscheidet er in einem fünften Teil vier Perspektiven der Erkenntnis (auch „Quadranten" genannt), die immer parallel ablaufen, nämlich: Ich-, Wir-, Es- und Sie-Perspektive.

- Die „Ich-Perspektive" meint dabei das individuelle und persönliche Erleben eines Sachverhalts, das bei jedem von uns anders ist.
- Die „Wir-Perspektive" bezieht sich auf die kulturelle Tradition, die unser Wahrnehmen und Erkennen immer mitprägt. D. h. verschiedene Sitten in verschiedenen Ländern, z. B. hinsichtlich der Sexualität, eröffnen auch eine unterschiedliche Sichtweise davon.
- Die „Es-Perspektive" ist die individuelle wissenschaftliche Einstellung, wie sie in einer traditionellen Wissenschaft, z. B. in der Chemie, angewendet wird.
- Die „Sie-Perspektive" bezeichnet die kollektive wissenschaftliche Einstellung, wie sie z. B. in der Ky-

bernetik oder in der klassischen Soziologie eines Max Weber befolgt wird.

Naturgemäß kann dieser kurze Abriss von Wilbers Konzept noch in keiner Weise erkennen lassen, inwieweit es ihm so tatsächlich gelingt, eine „Theorie von Allem" zu bilden. Ich hoffe, dies in meinem Hauptteil aber näher ausführen zu können. Dort werde ich auch darlegen, wie Wilber mit seiner „AQAL-Matrix" so verschiedene Ansätze wie Jürgen Habermas' „Theorie des kommunikativen Handelns"[3], Jean Gebsers kulturanthropologisches Modell aus „Ursprung und Gegenwart"[4] und die „Große Kette des Seins"[5] verbindet. Allerdings werde ich dabei auch hinterfragen, wie gut ihm seine Synthese gelingt. Darüber hinaus werde ich seine Theorie mit den großen Entwürfen von Philosophen wie Heidegger und Wittgenstein vergleichen. Ich kann vorwegnehmen, dass dabei einige gravierende Unstimmigkeiten festzustellen sind. Daher ist es mir ein Anliegen, gerade solche Sachverhalte in meinem Buch zur Sprache zu bringen. Dabei geht es mir weniger darum, Fehler aufzuzeigen, vielmehr will ich Ansatzpunkte geben, die eine Diskussionsgrundlage bieten und weiterführbar sind.

Zum Aufbau meines Buchs ist Folgendes zu erwähnen: Es ist in drei Teile gegliedert. Im ersten Teil gebe ich eine kurze Einführung in Wilbers Schaffen, die sich vor allem an die Leser richtet, die dieses Werk bisher gar nicht oder nur wenig kennen. Im zweiten Teil setze ich mich insgesamt mit den Problemen auseinander, die Wilbers Werk aufwerfen. Dabei nehme ich auf Wittgenstein und Heidegger Bezug. Im Schlussteil versuche ich ein Fazit meiner Ergebnisse vor allem hinsichtlich der Differenz von Ich und Selbst zu geben.

1. Einführung in Wilbers Werk

1.1 Vorbemerkung

Wilber gibt für den theoretischen Teil seines „integralen Ansatzes", d. h. für seine Bücher und Internetschriften, bis jetzt selbst fünf Entwicklungsstadien[6] an, die er mit „Wilber 1–5" betitelt.[7]

Ich will dieses Konzept hier aber nicht historisch hinsichtlich seiner Entwicklungsstadien rekonstruieren,[8] sondern es von der aktuellen Position, also von „Wilber 5" her, beschreiben. Wenn ich dabei doch auf Entwicklungen zu sprechen komme bzw. bestimmte Sachverhalte von „Wilber 4" darstelle, hat das damit zu tun, Wilbers letzte Position besser verständlich zu machen.

So beginne ich direkt mit der in „Wilber 4" eingeführten „AQAL-Matrix".[9] Diese schon erwähnte Theorie bildet nämlich seitdem die Basis für seinen Ansatz, auch wenn Wilber sie immer weiter modifiziert.

Was heißt „AQAL-Matrix" genauer, und wie kommt man dazu?

„Zur AQAL-Matrix (,alle Quadranten, alle Ebenen, alle Linien, alle Zustände, alle Typen') gelangen wir auf beliebig vielen Wegen. Der direkteste besteht darin, die Existenz der in der Geschichte der Menschheit am meisten verbreiteten Methodologien anzuerkennen. Schaffen Sie einfach Raum für Empirismus und Phänomenologie, Behaviorismus und Kontemplation, Hermeneutik und Systemtheorie ... und bringen Sie das alles zusammen. [...] Alle Disziplinen und Paradigmen sind imstande, falsche Daten aufzuspüren und auszusondern – sie wissen, was sie tun! Wenn Sie ihnen das zugestehen, wenn Sie die Ergebnisse dieser grundlegenden altbewährten Methoden akzeptieren und sie alle zu einem allgemeinen, schlüssigen Bezugsrahmen zusammenfügen, gelangen Sie zu einer Art AQAL-Matrix von Möglichkeiten, die sich in diesem Augenblick zeigen." (*Integrale Spiritualität*. S. 284 f.)

Das bedeutet: Diese Matrix bildet einen Bezugsrahmen aller für Wilber gegebenen Methodologien, Disziplinen und Paradigmen. Da alle diese Methodologien etc. natürlich nicht überall gültig sind, ist es wichtig, sie so zusammenzufügen, dass die richtigen Grenzen dabei abgesteckt werden. Dafür sind die fünf Kategorien (*Quadranten, Ebenen, Linien, Zustände, Typen*) zuständig. Sie geben diesen Methodologien etc. die Ordnung für ihren Geltungsbereich.

Für *Ebenen* und *Linien* ist dabei die von Arthur Koestler übernommene Ansicht der holarchischen Entwicklung zentral.[10] Dies ist eine Variation einer hierarchischen Ansicht, bei der zwischen höheren und niederen Stufen unterschieden wird. Dabei integriert erstens jede höhere Stufe die Eigenschaften und Qualitäten der niederen Stufe. Zweitens ergänzt jede höhere Stufe dieses Ergebnis zusätzlich mit neuen Eigenschaften und Qualitäten. So integriert ein Molekül wie Wasser nicht nur die Eigenschaften der es bildenden Atome, Wasserstoff und Sauerstoff, sondern hat zusätzliche Qualitäten, wie z. B. die größte Dichte bei plus 4 Grad Celsius, die die Atome nicht haben.

Für *Typen*, *Quadranten* und *Zustände* gilt dagegen,[11] dass sie heterarchisch aufgebaut sind. Ihre Ausprägungen, Eigenschaften und Qualitäten sind nicht nach höheren und niederen Stufen unterschieden, sondern in einem gleichrangigen Nebeneinander zu sehen.[12]

1.2 Die integrale Theorie mit den fünf Kategorien der „AQAL-Matrix"

1.2.1 Ebenen

Vorab ist zu erwähnen, dass Wilber gerade hinsichtlich seines Ebenenkonzepts von „Wilber 4" zu „Wilber 5" einige wichtige Änderungen vornimmt, die jedoch erst im Zuge seines Gesamtkonzepts verständlich sind. Es ist darum aus heuristischen Gründen besser, zumindest im Haupttext auf die Fassung von „Wilber 4" einzugehen und an geeigneter Stelle immer wieder die jeweiligen Neuerungen einzuflechten. Leser, die trotzdem schon an dieser Stelle diese Änderungen in kompakter Form aufnehmen wollen, können dies mittels folgender Anmerkung tun.[13]

Ebenen sind für Wilber konkrete Wachstumsstufen der Entwicklung. Allgemein geht er von einer evolutionären Entwicklung im Laufe der Zeit aus, nach der sich ab dem Urknall aus kleinsten Elementarteilchen immer größere und komplexere Gebilde bis hin zum „absoluten Geist" bzw. „GEIST"[14] ausbilden. Mit dieser Vorstellung knüpft Wilber an die traditionelle spirituelle Ansicht von der „Großen Kette des Seins" an, die eine Entwicklung von Materie über Leben zu Vernunft und Seele bis hin zum GEIST hin annimmt (siehe *Lovejoy*).[15]

Konkret auf den Menschen bezogen, unterscheidet Wilber zehn bzw. zwölf[16] Ebenen nach der Geburt, die er auch „Drehpunkte" oder „Stufen" nennt. Laut der holarchischen Sichtweise vereint dabei jeder höhere Drehpunkt die Eigenschaften und Qualitäten der niederen Drehpunkte und gibt zusätzlich neue Eigenschaften und Qualitäten hinzu.

Allgemein stellt sich jeder Drehpunkt als dreiphasiger Prozess mit Identifikation, Differenzierung und Integrierung heraus, der unter Umständen auch schieflaufen kann. Für jede der Sprossen der gesamten Ebenenleiter gilt:

„Das Selbst *identifiziert* sich zuerst mit dieser Sprosse oder ist mit dieser verschmolzen; dann *differenziert* es sich von dieser Sprosse oder transzendiert sie, und schließlich *integriert* es sie und schließt sie ein." (*Kurze Geschichte*. S. 209)

Wichtig ist dabei zu erkennen, dass Wilber so nicht nur einen einfachen einseitigen Entwicklungsgedanken aufnimmt, sondern paradoxerweise Aufstieg und Abstieg integriert. Denn das Niedrige muss bei jedem geglückten Schritt zu einer neuen Stufe immer mit einbezogen und darf nicht verworfen werden.

Wilber weiß sich damit mit einem seiner großen Vorläufer, nämlich dem spätantiken Philosophen Plotin, genauso im Einklang wie mit der christlichen Liebesethik. So schreibt er, auf Plotin bezogen:

„[...] daß bei jedem Schritt des Aufstiegs das Niedrige ‚umfangen' und ‚durchdrungen' werden muß, so daß die aufsteigende und absteigende Bewegung auf jeder Stufe ineinandergreifen. Oder christlich gesprochen: Eros oder transzendente Weisheit (das Niedrige, das zum Höheren hinaufstrebt) muß auf jeder Stufe mit Agape oder Mitgefühl (das Höhere, das sich zum Niedrigen neigt und es umfängt) im Gleichgewicht sein." (*EKL*. S. 412)

Jedoch bekommt der Mensch innerhalb seiner Entwicklungsstufen erst auf den höheren Ebenen ein Bewusstsein für diese unlösbare Zweiseitigkeit. Dass Auf- und Abstieg insgesamt eins sind, ist ihm sogar erst auf der letzten, der nondualen Ebene, völlig klar, wie ich unten noch genauer darstellen werde.

Folgendermaßen laufen nun diese Drehpunkte/Stufen/Ebenen beim Menschen ab.

1. Die physische Ebene

Wird ein Mensch geboren, ist er erst einmal in einem Zustand, den Wilber „primäre Matrix" nennt, bei dem das „physische Selbst und die physische Welt [...] miteinander verschmolzen" und noch nicht geschieden sind. Das Kind ist hier noch weit entfernt, ein Ich zu sein. Denn:

„Das Kind kennt den Unterschied zwischen innen und außen noch nicht – Stuhl und Daumen sind dasselbe." (*Kurze Geschichte*. S. 208)

Die „primäre Matrix" bildet damit die *Identifizierungsphase* der ersten Stufe. Doch:

„Irgendwann um den fünften Lebensmonat beginnt das Kind, zwischen den physischen Empfindungen in seinem Körper und solchen aus der Umwelt zu differenzieren. Das Kind beißt in eine Decke, und es tut nicht weh; wenn es in seinen Daumen beißt, tut es weh. Dies sagt ihm, daß es einen Unterschied zwischen Decke und Daumen gibt. Damit beginnt die *Differenzierungsphase* von Drehpunkt eins, die normalerweise zwischen dem sechsten und zehnten Lebensmonat abgeschlossen ist, wie Margaret Mahler, eine Pionierin auf diesem Forschungsgebiet, sagt.[17] Sie nennt dies die Phase des ‚Ausschlüpfens': Das physische

Selbst ‚schlüpft' aus der primären Verschmelzungsmatrix." (*Kurze Geschichte*. S. 213)

Aber es kann hier auch etwas Entscheidendes schieflaufen, und zwar:

„Wenn dem Selbst diese Differenzierung nicht gelingt, wenn es mit der primären Matrix verschmolzen bleibt, dann weiß es nicht, wo der Körper aufhört und der Stuhl beginnt. Es gerät in einen sogenannten Adualismus, der eines der Hauptmerkmale der Psychose ist." (*Kurze Geschichte*. S. 214)

In den Werken Wilbers ab Ende der 90er Jahre, in denen er die bisherige Benennung der Ebenen durch Farbbezeichnungen ersetzt,[18] entspricht diese erste Ebene der Farbe *Infrarot*.

2. Die emotionale Ebene

Wenn – wie im Normalfall – im ersten Drehpunkt aber alles klappt und das Kind das „Ausschlüpfen" integrieren kann, gelangt es zur zweiten, der emotional-phantasmischen Stufe. Hier ist es in der ersten Phase, wenn auch nicht mehr physisch, jedoch noch emotional mit seiner Umgebung, vor allem mit seiner Mutter, verschmolzen.[19] Es unterscheidet emotional noch nicht zwischen „Ich" und „Welt", weil sich noch kein „Ich" herausgebildet hat. Das Kind ist somit dem Allmachtsgefühl ausgeliefert, dass es (emotional betrachtet) selbst die Welt ist. Es bestehen für das Kind in dieser Phase damit keine emotionalen Grenzen.

„Aber irgendwann zwischen dem sechzehnten und fünfundzwanzigsten Lebensmonat beginnt das *emotionale Selbst* sich gegenüber der *emotionellen Umgebung* zu differenzieren. [...] Das Kind beginnt zu der Tatsache zu erwachen, daß es ein getrenntes Selbst in einer getrennten Welt ist." (*Kurze Geschichte*. S. 216)

Allerdings kann dies leider auch wieder schiefgehen: So kann das Selbst erstens im Verschmelzungszustand ohne jede Differenzierung stecken bleiben. Zweitens kann es sein, dass es ihm nicht gelingt, die beginnende Differenzierungsphase zu Ende zu führen. Im ersten Fall kommt es zu einer narzisstischen Persönlichkeitsstörung, im zweiten Fall zu einer Borderline-Störung. Für beide Fälle gilt, dass das Selbst keine realistischen *emotionalen Grenzen* ziehen kann und es an einem zusammenhängenden Selbst mangelt.

„Das Selbst behandelt die Welt entweder als eine Verlängerung seiner selbst (narzißtische Störung) oder wird ständig von der Welt überfallen und gequält (Borderline-Störung)." (*Kurze Geschichte*. S. 219)

In den Werken Wilbers ab Ende der 90er Jahre entspricht diese Ebene der Farbe *Magenta*.

3. Die begriffliche Ebene (und Geburt des Ichs)

Wenn allerdings die Differenzierungsphase der emotionalen Verschmelzung gut überstanden wurde und innerhalb des Selbst integriert werden konnte, ist das Kind reif, sich mit dem geistigen oder begrifflichen Selbst auseinanderzusetzen, und der repräsentationale Geist wird aktiv.[20] Dieser

Geist kann nicht nur Bilder und Symbole fassen, sondern fängt auch an, Begriffe zu verarbeiten.

Was bedeutet das?

„Bilder beginnen etwa um den achten Lebensmonat aufzutauchen. Ein geistiges Bild ähnelt mehr oder weniger dem Objekt, das es repräsentiert. Wenn man die Augen schließt und sich einen Hund vorstellt, sieht er einem wirklichen Hund sehr ähnlich. Dies ist ein *Bild*. Ein *Symbol* andererseits repräsentiert ein Objekt, sieht aber keineswegs dem Objekt ähnlich, worin eine erheblich schwierigere kognitive Aufgabe liegt. Das Symbol „Fiffi" repräsentiert meinen Hund, aber es sieht keineswegs wie mein Hund aus. Symbole tauchen im zweiten Lebensjahr auf, meist mit Worten wie ‚Ma' oder ‚Dada', und entwickeln sich sehr schnell. Symbole beherrschen das Bewußtsein etwa vom dritten bis zum fünften Lebensjahr." (*Kurze Geschichte.* S. 220)

Etwa vom fünften bis zum achten Lebensjahr lernt das Kind schließlich mit Begriffen umzugehen, die im Gegensatz zu Symbolen nicht nur für ein einzelnes Objekt, sondern für eine ganze Klasse von Objekten stehen. So gewinnt das Kind die Fähigkeit, zwischen einem einzelnen Hund wie „Fiffi" und der Klasse aller Hunde zu unterscheiden und damit vor allem die richtigen Begriffe dafür zu verwenden.

„Aber wenn Begriffe auftauchen, entwickelt sich auch ein spezifisch mentales Selbst, ein begriffliches Selbst. Wenn sich das Selbst mit diesem begrifflichen Geist zu identifizieren beginnt, sind wir am dritten Drehpunkt angelangt. Das Selbst ist jetzt nicht mehr bloß ein Bündel von Empfindungen, Impulsen und Affekten, sondern umfaßt jetzt auch Symbole und Begriffe. Es beginnt, in die *sprachliche* Welt einzutreten, die noosphärische Welt, und dies ändert, vorsichtig ausgedrückt, alles." (*Kurze Geschichte*. S. 220)

Denn nun steht dem Kind nicht nur die Biosphäre, die man umgangssprachlich mit „Körperfunktionen" übersetzen könnte, sondern eben auch die Noosphäre zur Verfügung. Aber noch zentraler ist: Das Kind kann jetzt zwischen Ich und Welt unterscheiden und hat somit sein Ich erstmals ausgebildet.
 Leider kann das Kind aber ab jetzt auch die Biosphäre unterdrücken, was zu Neurosen führen kann. Das hat mit dem Umstand zu tun, dass ein Wesen, dem die sprachliche bzw. begriffliche Welt zur Verfügung steht, nicht nur damit die äußere Welt begreifen, sondern sich auch Sachverhalte im Geist vorstellen kann, die nicht real existieren. Auch gibt es für das Kind nun nicht nur Gegenwart, sondern auch Vergangenheit und Zukunft.

„Weil es die Zukunft vorwegnehmen kann, kann es sich Sorgen machen und Angst empfinden, und weil es über die Vergangenheit nachdenken kann, kann es Reue, Schuld und Bedauern empfinden." (*Kurze Geschichte*. S. 221)

Dazu fängt es an, Körperfunktionen zu kontrollieren. Aber nicht nur das: Es kann seine „niederen Antriebe", wenn es sie nicht integrieren kann, im schlimmsten Fall auch verdrängen und dissoziieren, d. h. abspalten,

„so daß diese verdrängten oder verzerrten Triebe – meist sexueller und aggressiver Natur – in verkappten und schmerzlichen Formen in Erscheinung treten, die als neurotische Symptome bezeichnet werden." (*Kurze Geschichte*. S. 221 f.)

So können z. B. Zwanghaftigkeiten oder leichtere Formen von Depressionen entstehen, die den Betreffenden in seinem Leben sehr beeinträchtigen können, ohne dass er weiß, welche Gründe dafür verantwortlich sind. Erst wenn er sich z. B. einer tiefenpsychologischen Therapie wie der Psychoanalyse unterzieht, hat er die Möglichkeit, diese Symptome zusammen mit den Verdrängungen und Abspaltungen aufzulösen.

In den Werken Wilbers ab Ende der 90er Jahre entspricht diese Ebene der Farbe *Rot*.

4. Die soziozentrische Ebene

Das kindliche Selbst hat sich, wenn es die bisher beschriebenen Drehpunkte gut durchlaufen hat, immer mehr von seinem Narzissmus gelöst. Allerdings ist es durch die Entwicklung des Ichs auch egozentrisch geworden, weil es noch nicht gelernt hat, sich in andere hineinzuversetzen. Dies lernt es im vierten Drehpunkt.

„An diesem Punkt verwandelt sich die egozentrische in eine soziozentrische Sichtweise." (*Kurze Geschichte*. S. 238)

Auf dieser Stufe emanzipiert sich das Kind insoweit, dass es sich aneignet, wie es sich in einer bestimmten Rolle in seiner Familie, in seiner Altersgruppe, aber auch in seinem Land bzw. in seiner Volksgruppe gemäß den dort herrschenden Regeln zu verhalten hat. Das Kind handelt – wenn es diese vierte Stufe positiv durchläuft – so, dass es sich nicht mehr als das einzige Ich in der Welt sieht, sondern als Teil einer größeren Gruppe. Allerdings lernt das Kind hier Hin- und Zuwendung nicht zu allen Menschen, sondern nur maximal zu der jeweiligen ethnischen Volksgruppe, in die es hineingewachsen ist. Andere Volksgruppen mit anderen Kulturen sieht es dagegen als Feinde an. Insgesamt tut das Kind so, als wäre die eigene Volksgruppe die einzig relevante Volksgruppe. Diese Einübung des Rollenselbst ist also nicht nur soziozentrisch, sondern auch ethnozentrisch. Mit anderen Worten: Es werden hier die sozialen Skripte, Regeln, Rollen – man kann auch sagen: die Konventionen – eingeübt, die in einer bestimmten Volksgruppe vorherrschen. Wilber nennt diese Stufe darum auch die „konventionelle Stufe". So lernt man, sich in einer bestimmten Kultur zurechtzufinden.

Mit 40 Prozent der Weltbevölkerung machen Menschen, die sich auf dieser Stufe befinden, die größte Gruppe aus.[21] In der westlichen Kultur lernt man die sozialen Skripte und Rollen im Normalfall etwa zwischen dem achten und dem zwölften Lebensjahr. D. h. aber nicht, dass man sein Ich bzw. die Trennung Ich – Welt darum aufgibt, sondern nur, dass man lernt, dass es noch eine andere Identifizierungsmöglichkeit gibt.

Allerdings kann auch hier etwas schieflaufen: So können Menschen in ihren Skripten nur schlecht an ihre Volksgruppe angepasst sein. In diesem Fall spricht man von „Skript-Pathologie". Gründe dafür können sein, dass dem Betreffenden in der Ausbildung dieser Ebene von Bezugspersonen in seiner Umwelt (Familie, Lehrern, Mitschülern) immer wieder negatives und verletzendes Feedback gegeben wird. Egal was er macht, bekommt er Sanktionen zu spüren, wodurch sich ein sehr verzerrtes Selbstbild bildet, das ihn quält.

„Bei einem solchermaßen Erkrankten finden wir alle jene falschen und verzerrten gesellschaftlichen Masken und Mythen (‚ich bin ein elender Kerl, ich tauge nichts, ich kann nie etwas richtig machen'), alle diese grausamen Skripte, die selbstzerstörerisch und verletzend sind. Es sind, kurz gesagt, Lügen. Die Lüge hat auf dieser Ebene die Form dieser falschen Skripte, und das falsche Selbst nährt sich von diesen sozialen Lügen. Es hat nicht nur den Kontakt mit seinen eigenen Emotionen verloren, sondern auch den Kontakt mit dem Selbst, das es in der kulturellen Welt sein könnte, den Kontakt mit alle den positiven Rollen, die es übernehmen könnte, wenn es sich nicht ständig einreden würde, daß es dies nicht kann." (*Kurze Geschichte*. S. 239 f.)

Aber auch wenn jemand gut angepasst ist und nicht weiter voranschreitet, lebt der Mensch mit diesen Fähigkeiten nur in den Grenzen, die ihm seine Kultur mit ihren Skripten vorgibt. Menschen, die nicht weiter voranschreiten, leben darum in einem geschlossenen Weltbild, das sehr feindorientiert mit anderen Kulturen umgeht. Eine ihrer perversesten Ausprägungen hat dieses Weltbild im Nationalsozialismus erlangt.

Dabei ist es laut Wilber wichtig zu sehen: Rein kognitiv betrachtet, haben diese Menschen nur ein konkret-operationales Bewusstsein ausgebildet, worauf ich im folgenden Punkt ausführlich zu sprechen kommen werde.

In den Werken Wilbers ab Ende der 90er Jahre entspricht diese Ebene der Farbe *Bernstein*.

5. Die weltzentrische Ebene

Um über die Grenzen seiner eigenen Kultur hinauszukommen und anzuerkennen, dass nicht nur die Menschen innerhalb einer Volksgruppe, sondern alle Menschen gleichwertig sind, bedarf es eines Reifeprozesses, der kognitiv folgende Entwicklung einschließt:

„Etwa zwischen dem zwölften und sechzehnten Lebensjahr taucht in unserer Kultur die Fähigkeit zu einem formal-operationalen Bewußtsein auf [...]. Während das konkret-operationale Bewußtsein auf die konkrete Welt einwirken kann, kann das formal-operationale Bewußtsein auf die Gedanken selbst einwirken. [...] Es gibt [...] hierzu ein klassisches Experiment, anhand dessen Piaget diese außerordentlich wichtige Emergenz, diesen Paradigmenwechsel, diese Verschiebung der Weltsicht nachwies. Vereinfacht handelt es sich darum, daß man einer Person drei Gläser einer klaren [!] Flüssigkeit gibt und ihr sagt, daß man diese so mischen kann, daß eine gelbe Farbe entsteht. Der Betreffende wird dann gebeten, die gelbe Farbe zu erzeugen.

Konkret-operationale Kinder beginnen einfach, die Flüssigkeiten wahllos miteinander zu vermischen. Sie tun dies so lange, bis sie zufällig auf die richtige Kombination stoßen oder vorzeitig aufgeben. Mit anderen Worten, sie führen, wie der Name schon sagt, *konkrete Operationen* durch – sie müssen es tatsächlich und in einer konkreten Weise tun.

Heranwachsende in der formal-operationalen Phase machen sich zuerst ein allgemeines Bild davon, daß man zunächst Glas A mit Glas B, dann A mit C, dann B mit C ausprobieren muß." (*Kurze Geschichte*. S. 242 f.)

Das bedeutet: Ein Mensch mit formal-operationalen Fähigkeiten kann sich bewusst Pläne und Vorstellungen von etwas machen, wobei ihm der Unterschied zwischen der jetzigen Realität und den Möglichkeiten, die in seinen Vorstellungen stecken, klar ist. Er ist seinen Vorstellungen also nicht ausgeliefert. Das hat zur Konsequenz, dass er reflektieren kann und über das Denken nachdenken kann. Und das beinhaltet wiederum, dass er in der Lage ist, Regeln und Rollen in Frage zu stellen und sie nicht mehr einfach hinzunehmen. Damit erkennt der Betreffende auch die Relativität der Regeln in seiner eigenen Kultur und kann sie mit den Regeln anderer Kulturen vergleichen bzw. er kann neue überkulturelle und vernünftige Regeln aufstellen. Er wird sozusagen postkonventionell, und sein Leitbild ist die Vernunft.

Das geschieht natürlich nicht plötzlich, sondern ist wiederum ein dreistufiger Prozess, der mit der Identifikation mit den Rollen beginnt, die man auf der vierten Stufe gelernt hat. Darauf fängt man in der Differenzierungsphase an, die Konventionen der eigenen Kultur zu hinterfragen. Schließlich integriert man die neu gewonnene globale Perspektive in sein Selbst und agiert ab da nicht mehr soziozentrisch, sondern weltzentrisch. Dabei ist aber noch immer das Ich die zentrale Identifizierungseinheit des Selbst, weil auch dadurch die Trennung von Ich und Welt nicht aufgehoben ist.

Für Wilber ist die westlich demokratische Gesellschaft in ihrem Grundgerüst, mit ihrer Trennung von Kirche und Staat, ihrer globalen übernationalen, wirtschaftlichen und kulturellen Verflechtung sowie ihrem naturwissenschaflichen Weltbild allgemein an diesem Drehpunkt angelangt. D. h. nicht, dass alle westlichen Menschen dort angekommen sind, aber dass diese Stufe die in der westlichen Welt tonangebende ist. Insgesamt schreibt er, dass Menschen auf dieser Stufe „30 Prozent der Bevölkerung" auf der Erde ausmachen und damit die zweitgrößte Gruppe darstellen, aber durch ihre Etablierung in den westlichen Demokratien „50 Prozent der Macht besitzen" (*Ganzheitlich handeln.* S. 23).

Jedoch auch hier kann etwas schieflaufen. Man kann die Rolle der Vernunft überbetonen und sie auch da für gültig erklären, wo sie kein Gewicht hat. Das bedeutet: Man integriert im Endeffekt die neu gewonnene Vernunft nicht mit den Errungenschaften der niederen Ebenen, sondern setzt die Vernunft absolut. So kann man auf Kosten der Vernunft die Emotionalität, die Körperlichkeit, die Ökologie etc. verleugnen bzw. unterdrücken, was vielfach auch geschehen ist und geschieht. Man muss sich dazu nur die in den letzten Jahrzehnten immer bedrohlicheren ökologische Krisen vor Augen führen und die diesbezüglichen Prognosen für die Zukunft.

Darüber hinaus leugnen rein vernunftbetonte Menschen auch jede Art von höherer Transzendenz. Sie setzen damit prärationales Denken und postrationales Denken gleich. D. h. sie machen keinen Unterschied zwischen einem Denken vor der Ich-Entwicklung in Ebene 3 (prärational) und einem Denken, das beginnt, die Ich-Orientierung und somit die weltzentrische Ebene zu übersteigen (postrational). Für sie ist beides prärational. Auf diese Weise verschließen sie sich grundsätzlich dem Umstand, höhere Ebenen als ihre eigene anzuerkennen. Dabei ignorieren solche Menschen z. B. in den westlichen Industrieländern, dass sich dort mit Reformbewegungen wie den Grünen oder Vertretern der „Emotionalen Intelligenz"[22] längst eine neue Ebene etabliert hat.

In den Werken Wilbers ab Ende der 90er Jahre entspricht diese Ebene der Farbe *Orange*.

6. Die Ebene der Schau-Logik

Damit sind wir bei der Schau-Logik angelangt, die die Art von integrierendem (integralem) Bewusstsein darstellt, in dem die weltzentrische Sicht überschritten wird. Denn Letztere ist noch zu wenig integrierend. Sie untersteht noch der aristotelischen dualistischen Logik des „tertium non datur". Danach gilt: Entweder ist „a" oder „nicht a", ein Drittes gibt es nicht. Das ist auch der Grund, warum bis zur weltzentrischen Sicht noch immer zwischen Ich und Welt getrennt wird.

Schau-Logik beginnt dieses dualistische Denken zu überwinden und überschreitet erstmals die trennende Sichtweise von Ich und Welt in der Verknüpfung von Körper und Geist. M. a. W.: Mit ihr ist das Selbst erstmals einer spontanen Zusammenschau und eines sogenannten *Zeugenerlebnisses* fähig.

Wilber stützt sich bei der Darstellung für diese Stufe u. a. auf John Broughtons Forschungen[23], der belegt, wie sich hier das Selbst

„sowohl des Geistes als auch des Körpers als Erfahrung bewußt (ist). Das beobachtende Selbst beginnt also, sowohl den Geist als auch den Körper zu transzendieren, und kann sich ihrer daher als Objekte im Bewußtsein, als Erfahrungen bewußt sein. Nun blickt nicht mehr nur der Geist auf die Welt, sondern das beobachtende Selbst blickt sowohl auf den Geist als auch auf die Welt. Dies ist eine sehr tiefgreifende Transzendenz, die sich aber auf den höheren Stufen noch intensivieren wird." (*Kurze Geschichte*. S. 250)

Aber auch wenn sich dieses „beobachtende Selbst" auf dieser Stufe noch nicht gefestigt hat und nur einen kleinen Teil des Lebens ausmacht, fangen Menschen auf dieser Ebene an, mehr Wert auf intuitives Vorgehen zu legen. Sie leugnen dabei nicht den Wert der Vernunft. Sie können auch selbst sehr wohl vernünftig handeln. Sie integrieren vielmehr diese Vernunft in etwas Höheres, weil sie die Grenzen der Vernunft bemerken. Ihr intuitives Handeln ist damit nicht prä-, sondern postrational. Es übersteigt die Vernunft. So beginnen sie in diesem intuitiven Handeln, sich selbst nicht mehr als Ich, sondern als übergreifendes Selbst zu betrachten, als einen Zeugen, als ein Medium, das einfach beobachtet.

Weil auf dieser Stufe somit Körper und Geist bzw. Welt und Ich im Selbst explizit verbunden werden, nennt Wilber diesen Drehpunkt auch „zentaurisch". Vorbild für diesen Namen ist der Zentaur aus der altgriechischen Mythologie, der in sich Mensch und Tier vereint. Für Wilber ist auf dieser Ebene u. a. die Existenzphilosophie angelangt und damit z. B. die Philosophie von Martin Heidegger.[24]

Natürlich kann auch hier wieder etwas schieflaufen, und zwar kann man hier in eine Existenzkrise verfallen. Denn die jetzt erreichte Perspektive bezeichnet Wilber mit Jean Gebser als „aperspektivisch", und bei bestimmten Gruppen in westlichen Demokratien führt dieses Freiwerden von einer bestimmenden Perspektive zu einer heillosen Verwirrung. Diese Menschen lehnen nämlich jede Art von Bewertung ab, weil jede Kultur und jede daraus entspringende moralische Haltung für sie gleichwertig sind. Hier denkt Wilber gerade an die in den letzten Jahrzehnten aufkommenden postmodernen bzw. poststrukturalistischen

Haltungen, wie sie von Lyotard oder Derrida begründet wurden.[25] Denn diese Haltungen machen für ihn in ihrer Wertschätzung – überspitzt gesagt – keinen Unterschied zwischen einer kannibalistischen Eingeborenenkultur, einem islamischen Fundamentalismus oder einer westlichen Demokratie. Anhänger dieser Haltungen bleiben für ihn damit in der Differenzierungsphase stecken und kommen nicht zu einer Integration von Körper und Geist. Stattdessen benutzen sie ihren isolierten Geist bzw. ihr Ich nur dazu, alles zu sezieren, und werfen nach dem Motto „Alles ist relativ" alles heillos durcheinander. Dabei übersehen sie nach Wilber vor allem, dass sie in dieser Haltung bei aller Proklamation der Relativität sich selbst bzw. ihre Haltung absolut setzen. Es entsteht so also ein neuer Egozentrismus statt einer Überschreitung des Ego.[26]

Versucht man für diese Ebene in den Werken Wilbers ab Ende der 90er Jahre eine eindeutige Farbe zu finden, tut man sich sehr schwer. Es gibt nicht weniger als drei Farben, nämlich *Grün*, *Petrol* und *Türkis*,[27] die für Teile dieser Ebene stehen. So entspricht *Grün* in etwa den von Wilber angefeindeten postmodernen bzw. poststrukturalistischen Haltungen. Erst Menschen, die sich im Bereich der beiden Farben *Petrol* und *Türkis* befinden, haben die Differenzierungsphase dieser Ebene verlassen und eine erste Verknüpfung von Körper und Geist tatsächlich vollzogen. Erst sie sind zu niedriger bzw. hoher Schau-Logik fähig. Sie praktizieren darüber hinaus die Ebenensicht Wilbers, und das ist ein Kennzeichen für Menschen im sogenannten *zweiten Tier*[28]. Solche Menschen vermeiden jegliche Verabsolutierung der eigenen Ebene. D. h. sie sind sich der hier aufgezeigten Entwicklung des Selbst inklusive des Ineinandergreifens von Auf- und Abstieg bewusst. Denn im *ersten Tier*, also in allen Ebenen unter *Petrol*, setzt man sich und seine Ebene immer absolut und ist nicht fähig, andere Ebenen bei anderen Menschen überhaupt wahrzunehmen. Man lebt, wie Wilber das nennt, in einem „Flachland", ohne sich der holarchischen Entwicklung des Selbst bewusst zu sein. D. h. andere Menschen werden im *ersten Tier* grundsätzlich hinsichtlich der eigenen Kategorien und Wertvorstellungen betrachtet. Das *Andere* am Anderen wird so überhaupt nicht gesehen. Menschen in *Grün* sind dabei in einem Zwischenstadium. Sie erkennen zwar das Andere beim Anderen an, aber leugnen die holarchische Ebenenentwicklung. Beides wird erst ab *Petrol* erkannt.

Petrol und *Türkis*, und damit niedere und hohe Schau-Logik, unterscheiden sich hauptsächlich darin, dass *Türkis*-Menschen schon deutlich auf der Schwelle zur psychischen und damit zur ersten transpersonalen Ebene stehen, während *Petrol*-Menschen diese Dimension noch nicht erreicht haben. Bei *Türkis*-Menschen beginnt also etwas fester Bestandteil zu werden, was man herkömmlich „spirituelle Erfahrungen" nennt.

7. Die psychische Ebene

Bis zur letzten Ebene, der Schau-Logik, gibt es noch bei vielen westlichen Wissenschaftlern und Denkern eine gute Forschungsbasis. Ab der psychischen Stufe, der ersten transpersonalen Stufe, werden die damit zusammenhängenden Erfahrungen im Westen zwar sehr wohl besprochen, aber man betritt damit den Bereich der Mystik. Das ist für viele suspekt.

Dabei ist der Unterschied von Schau-Logik und psychischer Ebene, dass der Zentaur zwar Körper und Geist integrieren kann, aber er ist noch nicht eins mit ihnen. Erst jemand auf der psychischen Ebene schafft dieses Einssein.[29] Erst hier wird also die Trennung von Ich und Welt deutlich in einem neuen Bewusstsein im Selbst überschritten. Ein solches Einssein kann dabei folgendermaßen aussehen:

„Man befindet sich [...] entspannt und mit weitem Bewußtsein auf einem Spaziergang, betrachtet einen schönen Berg – und plötzlich gibt es keinen Betrachter mehr, nur noch den Berg, man *ist* der Berg. Man ist nicht mehr irgendwo da drinnen und betrachtet den Berg da draußen. Es gibt nur noch den Berg, und er scheint sich selbst zu sehen, oder man scheint ihn von innen heraus zu sehen. Der Berg ist einem näher als die eigene Haut. Anders ausgedrückt: Die Trennung zwischen Subjekt und Objekt ist aufgehoben, zwischen dem Menschen und der ganzen natürlichen Welt ‚außerhalb' von ihm. Drinnen und draußen haben keine Bedeutung mehr. Man weiß natürlich noch ganz genau, wo der eigene Körper aufhört und die Umwelt beginnt – es handelt sich *nicht* um einen psychotischen Adualismus
oder dessen ‚Wiederauferstehung in gereifter Form'. Es ist das eigene höhere Selbst auf dieser Stufe [...], das man das öko-noetische Selbst nennen kann. Manche bezeichnen es auch als die Überseele oder die Weltseele." (*Kurze Geschichte*. S. 263)

Wilber gibt als Beispiel für einen Vertreter der psychischen Ebene den amerikanischen Philosophen Ralph Waldo Emerson an. Dabei macht Wilber auch deutlich, dass es nicht korrekt wäre, diese Ebene mit „Naturmystik" gleichzusetzen.

„Die Mystik der psychischen Ebene bezieht sich nämlich nicht nur auf die Natur, sondern auch auf die Kultur, und durch den Ausdruck ‚Naturmystik' würde dies in die Nähe biozentrischer Regression und egozentrischer Indissoziation gerückt, was Emerson ganz und gar nicht im Sinn hat." (*EKL*. S. 351)

Das entscheidende dabei ist, Natur nicht mit GEIST gleichzusetzen, sondern zu erkennen: Natur ist „Ausdruck des GEISTES" (*EKL*. S. 352). Dabei ist (nochmals) zu betonen, dass hier mit „GEIST" nicht „menschlicher Verstand", sondern „spirituelle Wesenheit" gemeint ist. Diese Differenz zu erkennen ist auch der wesentliche Sprung von der Schau-Logik zur psychischen Ebene, denn sie macht das Einssein aus. Wilber zitiert dazu Emerson:

„Die Schönheit der Natur ist nicht das Höchste. Sie ist Künderin einer inneren und ewigen Schönheit, aber nicht in sich selbst schon ein gediegenes, genügendes Gut ... Die Natur ist ein Symbol des Geistes." (*EKL*. S. 353)[30]

Die Bedeutung dieser Erkenntnis innerhalb der psychischen Ebene kann gar nicht genug betont werden. Ansonsten würde man, wie es bei naiven Umweltschützern oft vorkommt, die „begrenzte, zeitliche Natur" mit dem „grenzenlosen, ewigen GEIST" (*EKL*. S. 353) gleichsetzen und würde gerade so in die Nähe biosphärischer Regression geraten. Damit stößt man aber in keiner Weise zur psychischen Ebene vor, sondern ist schon weit vorher stecken geblieben. Man meint aber fatalerweise, man sei auf dieser Ebene. Dieser Umstand ist es darum auch, der bei der Entwicklung zur psychischen Ebene am meisten schiefläuft.

Der psychischen Ebene entspricht in Wilbers Werken ab Ende der 90er Jahre die Farbe *Indigo*, der ersten Ebene im *dritten Tier*. Die Klassifizierung „*drittes Tier*" zeigt dabei an, dass es sich um eine transpersonale Ebene handelt.

8. Die subtile Ebene

Der psychischen Ebene folgt die subtile. Darin vertieft sich die Verinnerlichung des GEISTES im Menschen, der sie erfährt. An die Stelle der Einheitserfahrung mit der Natur und/oder Kultur

„tritt die Gottheits-Mystik, und der innere Gott kündigt sich auf eine Weise an, die im Grobmanifestierten unvorstellbar wäre – mit einem Licht, das die Sonne blendet, mit einem Lied, vor dem Natur und Kultur bestürzt und ehrfürchtig verstummen." (*EKL* S. 360)[31]

Wilber gibt die Mystikerin Theresia von Avila als eine Vertreterin dieser Ebene an und bespricht ihr Hauptwerk „Die innere Burg"[32], um das Subtile zu veranschaulichen. Hier beschreibt Theresia in Form von „sieben Wohnungen" verschiedene Entwicklungsstufen des Subtilen. Ein entscheidender Sprung passiert dabei in der „fünften Wohnung". Dort erlebt der Mensch – nachdem er vorher die Relativität der äußerlichen Welt kennengelernt hat – eine wichtige Verwandlung innerhalb der Meditation im Gebet:

„[...] in dieser reinen Versunkenheit wird das Ich seines uranfänglichen Einsseins mit Gott (oder dem unerschaffenen GEIST, wie Theresia auch sagt) inne. [...] Dabei verbindet sich Gott selber mit dem Inneren dieser Seele, so daß sie, wenn sie wieder zu sich kommt, keinesfalls daran zweifeln kann, daß sie in Gott war und Gott in ihr." (*Innere Burg*. S. 86/*EKL*. S. 362 f.)

Bei der Beschreibung dieser Vereinigung mit Gott verwendet Theresia ihren berühmten Schmetterlingsvergleich: Vor der Vereinigung war das Ich noch wie eine Seidenraupe, und nur ein kleiner Augenblick der Verbindung mit Gott macht es zum Schmetterling. Die Seele, die bisher mehr oder weniger verborgen war, kommt dabei zum Vorschein (siehe *Innere Burg*. S. 90 f.).

„Der Rest des Buches schildert die außerordentliche Reise dieses kleinen Schmetterlings auf die Ur-Flamme zu, in der er am Ende mit Freuden sterben wird, um abermals auf einer noch tieferen Ebene – in der Einheit mit dem unerschaffenen GEIST – wiedergeboren zu werden." (*EKL*. S. 363)

Dabei werden die Vereinigungszustände immer dauerhafter, und in der *siebten Wohnung* kommt es zum Höhepunkt,

„zur ‚geistlichen Vermählung', wo [...] die ganze Seele sich mit Gott vereinigt." (*EKL*. S. 365)

Hier identifiziert sich also das Selbst des Menschen statt mit dem Ich mit Gott. Damit ist aber kein Allmachtsgefühl wie auf der Stufe des emotionalen Selbst verbunden, sondern dies wird mehr als große Gnade erlebt.

Dabei gesteht Theresia ein, dass die Sprache bei der Beschreibung dessen versagt, was dabei vor sich geht. Wilber setzt aber *vielwissend* in Klammern hinzu:

„wenn auch nur deshalb, weil sie [Theresia; G. K.] nicht voraussetzen kann, daß wir [die Leser ihres Buchs; G. K.] die Erfahrung gemacht haben" (ebd.).

Aber natürlich kann hier auch etwas schiefgehen, denn:

„[...] wie wir wissen, jedes neue Wachstumsstadium bringt auch neue Möglichkeiten des Pathologischen und neue Leiden mit sich. Viele meinen, der Ausdruck ‚Dunkle Nacht der Seele', eingeführt von Theresias Freund und Mitstreiter Johannes vom Kreuz, bezeichnet den finsteren Zeitabschnitt, bevor man den unerschaffenen Geist findet. Keineswegs. Die Dunkle Nacht ist die Zeit, *nachdem* man das universelle Sein geschmeckt hat, aber noch nicht in ihm zu Hause ist, denn man hat das Paradies gesehen ... und hat es verblassen sehen." (*EKL*. S. 364)

Kurzum: Das Selbst ist zwar in die Differenzierungsphase dieser Ebene eingetreten, hat sie aber (noch) nicht bis zum Ende absolviert. Dabei erleidet das Selbst weit größere Qualen und Anfechtungen, als es vor Eintritt in diese Ebene möglich war. Dazu kommt eine

„seltsame Einsamkeit; denn mit keinem Geschöpf der Erde verbindet sie eine Gemeinschaft, die sie befriedigen könnte" (ebd./*Innere Burg*. S. 183).

Es kommt darum jetzt vor allem darauf an, diesen äußerst schwierigen Zeitabschnitt durchzustehen.

Soweit meine Ausführungen zu Theresia von Avila bzw. Johannes vom Kreuz als Vertreter dieser Ebene. Aber Wilber macht die subtile Ebene nicht nur an ihnen und ihren Darstellungen fest. Ein anderes Beispiel für eine subtile Erleuchtung ist eine Nahtoderfahrung, die in verschiedenen Kulturen und Weltanschauungen verschieden erlebt werden kann:

„Ein Christ sieht vielleicht Christus, einen Engel oder einen Heiligen, ein Buddhist den Symbhogakāya oder Körper des Entzückens des Buddha, ein Jungianer hat eine archetypische Erfahrung des Selbst und so weiter. Alle Tiefe muß [somit; G. K.] interpretiert werden, und diese Interpretationen sind nur möglich mit einem Spektrum von Hintergrundkontexten. Der persönliche individuelle Hintergrund, der persönliche kulturelle Hintergrund und die persönlichen sozialen Institutionen sind für die Interpretation dieser Tiefenerfahrung instrumental. Dies ist unvermeidlich." (*Kurze Geschichte*. S. 274)

Damit beschreibt Wilber etwas sehr Wichtiges für sein Gesamtkonzept. Es ist nämlich für ihn nicht nur so, dass die jeweilige Interpretation des Einzelnen im Kontext seiner persönlicher Reife sowie seiner kulturellen Sozialisation steht, sondern sie gibt, andersherum betrachtet, erst den Maßstab ab, in welcher Ebene sich der jeweilige Mensch befindet. Ich werde darauf später noch eingehend zurückkommen, z. B. bei der Darstellung der Zustände, Linien sowie Quadranten.[33] Darüber hinaus werde ich vor allem in Punkt 2 darstellen, dass sich in dieser Auffassung Wilbers gravierende Probleme verstecken.

Der subtilen Ebene entspricht in Wilbers Werk ab Ende der 90er Jahre die Farbe *Violett*.

9. Die kausale Ebene

Die nächste Ebene ist die kausale:

„Auf der subtilen Ebene vereinigen sich die Seele und Gott; auf der kausalen Ebene werden sie beide in die uranfängliche Identität der *Gottheit* aufgehoben, des reinen formlosen, des reinen Selbst als reiner GEIST [...]. Nicht mehr die ‚höchste Vereinigung' von Gott und Seele, sondern die höchste Identität der Gottheit: ‚Denn mir wird in diesem Durchbrechen zuteil, daß ich und Gott eins sind', wie Meister Eckehart sagt. Dieser reine formlose GEIST gilt als Ziel, Gipfel und Ursprung alles Manifestierten. Und das ist das Kausale." (*EKL*. S. 370)

Dieser Umstand ist sehr schwierig zu verstehen und zu beschreiben, weil hier wiederum die Sprache (laut Wilber für den, der diese Erfahrung nicht kennt) an ihre Grenzen stößt. Aber wie schon bei der Darstellung der Schau-Logik angedeutet, intensiviert sich in den ihr folgenden Ebenen die Transzendenzerfahrung der Zeugenerlebnisse, sodass das beobachtende Selbst den menschlichen Geist mehr und mehr überschreitet, und zwar nicht nur für Augenblicke, sondern für die meiste Zeit des Lebens. Der Betreffende wird so immer weniger egozentrisch.

Zeigt sich das auf der psychischen Ebene durch Identifizierung mit der Natur und auf der subtilen Ebene als Identifizierung mit Gott, so wird das Selbst auf der kausalen Ebene zum reinen Wahrnehmenden. Damit lässt es gerade die Identifizierungen hinter sich, die die ersten beiden transpersonalen Stufen kennzeichnen. Das Selbst ist dabei frei von jeglichen Gedanken und weder durch Ängste, Begierden und Hoffnungen noch durch Identifizierungen verstrickt. Denn auch Identifizierungen sind noch immer Kennzeichen, dass ein Teil des Egos/des Ichs übrig geblieben ist, selbst wenn man sich dabei mit der unendlichen Natur oder Gott identifiziert. Um das Ich abzustreifen, muss darum die Vereinigung völlig formlos werden. Dies erreicht das Selbst erst auf der kausalen Ebene. Der Betreffende verbindet sich nur noch mit dem reinen formlosen GEIST.

Wilber benennt als Vertreter dieser (aber auch der folgenden) Ebene den mittelalterlichen Mystiker Meister Eckehart und darüber hinaus Sri Ramana Maharshi, den berühmten hinduistischen Vedanta-Einsiedler aus dem 20. Jahrhundert.

„Meister Eckeharts Ausgangspunkt ist die Notwendigkeit eines Transzendierens, eines ‚Durchbrechens' vom Endlichen und Erschaffenen zum unendlichen und unerschaffenen Ursprung, zur ‚Quelle', das heißt zu einem unmittelbaren und formlosen Gewahrsam, das ohne Ich, ohne anderes und ohne Gott ist." (*EKL*. S. 371 f.)

In diesem Durchbrechen zum Unendlichen stößt man zum reinen Zeugen bzw. in die reine Leerheit vor, wo im Bewusstsein keine Gedanken bzw. Objekte mehr sind, wo aber paradoxerweise trotzdem unendliche Fülle ist.

„Dies ist ein diskreter, identifizierbarer Gewahrseinszustand [...], der oft mit dem Zustand des tiefen traumlosen Schlafs verglichen wird, nur ist jener nicht bloß ein Leerraum, sondern vielmehr eine äußerste Fülle und wird als solche erfahren – als unendliches Eingetauchtsein in die Fülle des Seins, die so voll ist, daß keine Manifestation sie auch nur im entferntesten fassen könnte." (*Kurze Geschichte*. S. 283)

Dabei ist wichtig zu sehen, wie sich dieser reine Zeuge zu Raum und Zeit verhält:

„Dinge entstehen im Gewahrsein, bleiben eine Weile und verschwinden wieder, kommen und gehen. Sie entstehen im Raum und bewegen sich in der Zeit. Aber der reine Zeuge kommt und geht nicht. Er entsteht nicht im Raum und bewegt sich nicht in der Zeit. Er ist, wie er ist; er ist allgegenwärtig und unveränderlich. Er ist kein Objekt da draußen, weshalb er auch niemals in den Strom der Zeit, des Raums, von Geburt und Tod eintritt. All dies sind Erfahrungen, Objekte, die kommen und gehen. Aber das eigentliche Selbst kommt und geht nicht; es tritt nicht in diesen Strom ein. Man ist all dessen gewahr, weshalb man nicht darin verstrickt ist. Der Zeuge gewahrt den Raum, gewahrt die Zeit und ist deshalb frei von Raum, frei von Zeit. Er ist zeitlos und raumlos, die reinste Leere, in der Zeit und Raum ihren Auftritt haben." (*Kurze Geschichte.* S. 287)

Darum beschreibt Meister Eckehart das Anteilnehmen des endlichen Menschen an diesem reinen Zeugen auch als Durchbrechen zum Unendlichen.

Schiefgehen kann bei dieser Ebene analog zu anderen Ebenen wiederum, dass man zwar in die Differenzierungsphase eintritt, sie aber nicht zu Ende führt. Oder wie Wilber schreibt:

„Die meisten Menschen gelangen relativ schnell zum Zeugen. Aus dieser Freiheit zu *leben* ist etwas anderes." (*Kurze Geschichte.* S. 288)

Das bedeutet: Diese Menschen schaffen es – wie für die Schau-Logik beschrieben – nur für kurze Bewusstseinszustände, zu diesem reinen Zeugen zu gelangen, für die meiste Zeit aber können sie sich nicht von ihrem Ich restlos befreien und sind noch immer in Begierden etc. verstrickt.

Zumindest in Grafiken taucht als Entsprechung für die kausale Ebene die „Farbe" *Ultraviolett* auf (siehe *Integrale Spiritualität*. S. 96 und *ILP*. S. 103).

10. Die nichtduale Ebene

„Sri Ramana Maharshi formuliert den ‚Standpunkt' der höchsten Entwicklungsstufe, des Nichtdualen:

Die Welt ist illusorisch;
Brahman allein ist wirklich
Brahman ist die Welt.

Die ersten beiden Zeilen stehen für das rein kausale Bewußtsein, das Aufgegangensein im reinen oder formlosen GEIST. Die dritte Zeile umschreibt die letzte, nichtduale Vervollständigung, die Einheit des Formlosen mit aller Form. Die Gottheit transzendiert alle Welten und schließt daher alle Welten in sich ein. Das ist ein letztes Einwärts, welches zu einem letzten Darüber-Hinaus führt, und dieses letzte Darüber-Hinaus umfängt absolut alles, weil es auf absolut nichts mehr beschränkt ist." (*EKL*. S. 371)

„Wenn man aus der kausalen Versunkenheit zum reinen, unmanifestierten und ungeborenen GEIST durchbricht, ersteht die gesamte manifeste Welt neu, diesmal jedoch als vollkommener Ausdruck des GEISTES, ja *als* GEIST. Das Formlose und die gesamte Welt der manifesten Form – die reine Leerheit und der gesamte Kósmos[34] – werden hier als nicht-zwei gesehen und der Zeuge als alles Betrachtete: ‚Hier verschmelzen schließlich das Betrachtete und der Betrachter, so daß nur noch Absolutes Bewußtsein herrscht.' Aber dieses nichtduale Bewußtsein steht nicht in Opposition zur Welt, denn ‚Brahman ist die Welt'. Diesen Schritt vom Kausal-Nichtmanifesten zum Nichtdualen bezeichnet Ramana als die Entwicklung vom *Nirvikalpa-Samādhi* zum *Sahaj-Samādhi*, einem ‚natürlichen' oder ‚spontanen' Zustand, in dem ‚der gesamte Kosmos [Kósmos] in vollkommener Gleichheit von allem und allen im Herzen ist, denn die Gnade ist in allem, und es gibt nichts, was nicht das Selbst wäre. Diese ganze Welt ist Brahman.'"[35]

Damit ist auch noch die Identifikation mit dem reinen Zeugen aufgehoben, und alles ist nun tatsächlich eines. Wahrnehmung ist nun mit dem Wahrgenommenen so vollkommen vereint, sodass es kein Wahrnehmen und kein Wahrgenommenes mehr gibt.[36]

Damit gilt: Auch wenn auf jeder Stufe der Betreffende Eros (Liebe) und Agape (Mitgefühl) verbinden muss, um überhaupt eine neue Stufe zu erreichen, sind diese Bewegungen des Auf- und Abstiegs erst auf der nondualen Ebene eins. Denn erst hier vereint sich Eros mit Agape so vollkommen, dass es kein Auf- und Absteigen, keinen Eros und keine Agape mehr gibt, weil eben alles eins ist. Es gibt keinen Gegensatz mehr, darum heißt diese Ebene auch die nichtduale. Jeder Gegensatz ist nun aufgehoben, ob Innen und Außen, Form und Leere, Ruhe und Bewegung etc. Es gibt nun keine Erfahrung mehr, denn alles, was es gibt, ist man nun gleichzeitig selbst. Man schaut nicht mehr etwas, z. B. ein Haus an, sondern man ist dieses Haus bzw. es gibt kein getrenntes „man" mehr. Es gibt auch keine Einheitserlebnisse mehr, sondern „man" ist die Einheit. Jede Beschreibung davon ist darum im Endeffekt unmöglich, weil sie immer verdoppelt, was eins ist.

Zumindest in Grafiken taucht als Entsprechung für die nonduale Ebene die „Farbe" *klares Licht* auf (siehe *Integrale Spiritualität*. S. 96 und *ILP*. S. 103).

Dabei ist noch hinzuzusetzen: Die Entwicklung von Stufe zu Stufe mit der Vollendung auf der nondualen Ebene steht für ein Erwachen des Selbst zu einem immer höheren Bewusstseinsgrad. Denn ein Einssein mit der Welt gibt es ja schon auf der ersten Stufe. Um dieses bloße Einssein kann es darum nicht gehen. Allerdings ist das Einsseins auf der ersten Stufe ohne bzw. mit wenig Bewusstsein ausgestattet. Das Einssein auf der letzten Stufe dagegen ist eins mit dem absoluten Bewusstsein, mit dem GEIST. Um dazu vorzustoßen, muss das Selbst aber zuerst in mehreren Stufen die kleinere Einheit, nämlich das Ich, entwickeln, das es dann über Soziozentrismus, Weltzentrismus, Schau-Logik und verschiedene transpersonale Ebenen immer mehr auflösen und mit immer mehr Bewusstsein füllen kann. Ein fataler Irrtum wäre es, darum zu glauben, wie das einige Richtungen (z. B. die Jung'sche Schule) proklamieren, man komme auf den transpersonalen Ebenen zu den prärationalen Ebenen der ersten und zweiten Stufe zurück. Denn so verkennt man gerade, dass die Entwicklung zu einem immer höheren Bewusstsein voranschreitet und eine Ich-Überschreitung nichts mit einer frühkindlichen Stufe zu tun hat. Für Wilber kommt bei dieser irrigen Ansicht ähnlich wie bei der auf der weltzentrischen Ebene eine Prä-/Postrational-Verwechslung zum Vorschein. Nur dass diese hier nicht negativ konnotiert, sondern positiv konnotiert ist. D. h. hier wird der prärationale Zustand nicht verdammt, sondern sogar gutgeheißen, weil er als spirituell höherstehend verklärt wird. Wilber verfiel dieser Verwechslung in seinen ersten Werken selbst und warnt darum davor später umso ausdrücklicher (siehe *Kurze Geschichte.* S. 216 ff.).

1.2.2 (Bewusstseins-)Zustände

Zustände sind für Wilber genauer gesagt Bewusstseinszustände.

Er unterscheidet dabei einerseits drei Hauptzustände: Wachen, Träumen und traumlosen Tiefschlaf. Im Wachen haben wir es mit unserer realen Welt zu tun und sind der Schwerkraft bzw. den physikalischen Gesetzen unterworfen. Im Träumen gelten diese Gesetze nicht mehr. Hier können wir z. B. auch fliegen. Im traumlosen Tiefschlaf dagegen gibt es keine Bilder und Gedanken mehr. Hier sind wir in der reinen Leere und damit in einem Äquivalent der obersten Entwicklungsstufen (kausal/nondual). Diese drei Hauptzustände entsprechen nach Wilber auch den drei Körpern: grobstofflich, subtil und kausal. Allerdings befinden wir uns in allen diesen drei Körpern ständig, ohne uns dessen bewusst zu sein. D. h. wir müssen nicht schlafen, um in den subtilen oder kausalen Körper zu kommen. Stattdessen zeigt sich der subtile Körper, wenn wir Visionen oder Emotionen haben, der kausale Körper bei Erfahrungen der reinen Achtsamkeit, z. B. in den oben beschriebenen Zeugenerfahrungen.[37]

Andererseits unterteilt Wilber das Wachen in vielerlei Zustandsänderungen.

So zählen hier darunter:

- Stimmungen wie Traurig-, Heiter- und Fröhlichsein,
- Zustände körperlicher Verfassung wie Müdesein,
- intensive Erfahrungen wie sexuelle Ekstasen
- oder durch Medikamente und Drogen hervorgerufene Zustände wie „Highsein" (siehe *Habecker*. S. 17).

Im Gegensatz zu Ebenen sind Zustände nicht fest ausgebildet. Sie kommen und gehen. So kann ein Mensch in einem Bewusstseinszustand, der bisher die soziozentrische Ebene erreicht hat, für kurze Zeit ähnliche Erfahrungen wie ein Mensch auf der psychischen Ebene erleben und sich eins mit der Natur empfinden. Aber dies bleibt für ihn ein Bewusstseinszustand. Für Wilber ist dabei wiederum die Weise, wie er dies interpretiert, entscheidend, und das macht dieser Mensch mit der Begrifflichkeit, die er auf der soziozentrischen Ebene zur Verfügung hat. Dies stellt Wilber seit „Wilber 5" deutlich heraus. So macht er klar, dass gewisse Kulturen zwar über die Ausbildung sehr weitgehender spiritueller Fähigkeiten verfügen, wie z. B. die tibetische Kultur, dass sie aber insgesamt diese Erfahrungen innerhalb einer nicht dazu äquivalenten Ebene interpretieren. Das bedeutet: Diese Menschen kommen zwar regelmäßig in kausale Bewusstseinszustände, sie interpretieren sie aber auf der soziozentrischen Ebene. Wilber führt als Beispiele die konservativen Ansichten des Dalai-Lama an, der laut seinem Sekretär glaubt:

„Homosexualität sei eine Sünde, analer Sex ebenfalls und oraler Sex schlechtes Karma" (*Integrale Spiritualität*. S. 141).[38]

Darum ist es für Wilber wichtig zu erkennen, dass sich Ebenen und Bewusstseinszustände „auf komplexe Weise überlagern" (*Integrale Spiritualität*. S. 130). Wilber hat darum mit einem Mitstreiter namens Combs das sogenannte „Wilber-Combs-Raster" entworfen, um diese Überlagerungen zu veranschaulichen und zu zeigen, wie man auf jeder Ebene theoretisch in jeden Bewusstseinszustand kommen kann. In der folgenden Tabelle ist dieses Raster für die Ebenen physisch bis psychisch und die drei Bewusstseinsebenen bzw. Körper grobstofflich, subtil und kausal schematisch wiedergegeben[39] (der Asterisk „*" steht dabei für einen Zeitmoment beliebiger Dauer):

	Grobstofflicher Körper	Subtiler Körper	Kausaler Körper
Psychische Ebene	*	*	*
Zentaurische Ebene	*	*	*
Weltzentrische Ebene	*	*	*
Soziozentrische Ebene	*	*	*
Begriffliche Ebene	*	*	*
Emotionale Ebene	*	*	*
Physische Ebene	*	*	*

Ich möchte dabei nochmals betonen: Wilber gesteht Menschen aus den erwähnten Kulturen, also z. B. den tibetischen Meditierenden, sehr wohl zu, dass sie in ihren Meditationen in Bewusstseinszustände der zeitlosen *Leere* eintreten können. Aber es darf deswegen nicht ignoriert werden, dass sie ihre dabei gemachten Erfahrungen beim Erwachen mit der Begrifflichkeit ihrer jeweiligen Ebene *interpretieren*.

Ab „Wilber 5" zieht Wilber daraus die wichtige Konsequenz, dass er transpersonale Phänomene hauptsächlich anhand von Zuständen und weniger anhand von Ebenen bespricht. Denn es gibt für ihn insgesamt bis jetzt nur wenige Leute, die tatsächlich in transpersonalen Ebenen leben bzw. gelebt haben. Die meisten schaffen es nur, für bestimmte Zustände in transpersonalen Phasen zu sein. D. h. es wurden bis jetzt für diese weitergehenden Ebenen noch keine gefestigten „kosmischen Gewohnheiten" und damit Hauptstrukturen bzw. Ebenen gebildet. Allerdings ist zumindest *Indigo* und damit die psychische Ebene, wenn auch nicht als Hauptstruktur, so doch als *deutliche Spur*, sichtbar erschaffen worden. Somit ist dafür zumindest schon eine Interpretationsform gefunden worden.[40]

1.2.3 Linien

Während Ebenen nur allgemein Entwicklungsstufen angeben, differenzieren (Entwicklungs-)Linien diese Stufen hinsichtlich bestimmter Bereiche. So unterscheidet hier Wilber konkret, inwiefern sich jemand im kognitiven, physischen, moralischen, emotionalen, spirituellen, ästhetischen Bereich etc. entwickelt.[41] Menschen können sich dabei sehr unterschiedlich entwickeln und kognitiv oder spirituell sehr weit fortgeschritten sein, moralisch oder emotional dagegen auf einer niedrigeren Ebene stecken bleiben. Man denke hier nur an viele charismatische politische, religiöse bzw. spirituelle Führer, die ihr Volk oder ihre Glaubensgemeinschaft schonungslos in Katastrophen führen. Insgesamt lässt Wilber es leider offen, wie sich im

Zusammenspiel der verschiedenen Entwicklungslinien ein Ebenenaufstieg genau ausbildet. Er vermeidet es auch, konkrete Beispiele zu geben. Allerdings scheint die Interpretationsfähigkeit als letztendlicher Maßstab zu gelten. Diese Fähigkeit zeigt im Endeffekt an, in welcher Ebene sich jemand allgemein befindet. Und diese Fähigkeit – so kann man hinzusetzen – ist federführend von der kognitiven Entwicklung des jeweiligen Menschen abhängig. Wilber schränkt aber ein und betont, dass die jeweils erreichte kognitive Stufe zwar notwendig, aber nicht hinreichend dafür ist, um sich allgemein auf einer Stufe zu befinden (*Integrale Spiritualität.* S. 280).[42] Das bedeutet: Die Interpretationsfähigkeit eines Menschen wird damit für Wilber nicht allein von seiner kognitiven Fähigkeit bestimmt. Was genau hier noch entscheidend ist, sagt er jedoch nicht.[43] Jedoch kann man aus Wilbers Wahrheitskriterien schließen, die ich in meinem Punkt 1.4 darstelle, dass man die Einordnung in eine Ebene sowieso nicht privat und allein vornehmen kann, da hierher neben zwei anderen Punkten die Bestätigung durch die Gemeinschaft gehört, die sich schon auf dieser Ebene befindet.

1.2.4 Typen

Wilber stützt sich in seinem Ansatz zur horizontalen heterarchischen Unterscheidung von Phänomenen auf Typenunterscheidungen.

Für ihn ist es sehr wichtig, ein Bewusstsein davon zu haben, zu welchem Typ man gehört. Dies schafft eine wichtige Einsicht in das Selbst, um evtl. nötige Korrekturen vorzunehmen. So schlagen er und seine Mitstreiter zur (Selbst-)Analyse u. a. vor, sich (und andere) nach den Myers-Briggs-Typen zu untersuchen, die auf die Arbeit von C. G. Jung zurückgehen.

Danach gibt es vier grundsätzliche Unterscheidungen bzw. acht Typen.

Ist man:

- Introvertiert oder extrovertiert?
- Praxisnah vernunftorientiert oder intuitiv idealistisch?
- Sachbezogen analytisch oder gefühlsbezogen beziehungsorientiert?
- Zielorientiert urteilend oder spontan aufnehmend?[44]

Wichtig ist nun, nicht zu große Einseitigkeiten aufzuweisen. D. h. füllt man einen oder mehrere dieser acht Typen im Extrem aus, schafft das sehr schwierige Voraussetzungen, ein Leben gut zu meistern. Man benötigt auch immer Fähigkeiten auf der anderen Seite. So nimmt z. B. ein einseitig sachbezogen analytischer Mensch keine Auswirkungen auf Beziehungen zu anderen Menschen durch sein Handeln wahr. Solche Leute sind oft große Rechthaber und haben vielleicht auch oft recht, merken aber nicht, dass es wichtig ist, oft „fünfe grade sein zu lassen". Denn sie gehen anderen durch ihr „Rechthaben" häufig ziemlich auf die Nerven. Ihre Stärke ist also ebenso eine große Schwäche. Darum heißt es hier für die Betreffenden, Fähigkeiten zu entwickeln, sich in andere hineinzuversetzen.

Neben Myers-Briggs-Typen berücksichtigt Wilber noch eine Vielzahl von anderen typologischen Modellen.

So behandelt er bzw. hinterfragt u. a.

- die Astrologie mit den Sternkreiszeichen,[45]
- die Freud'sche Psychoanalyse mit oralem, analem Charakter etc.[46]
- oder die grundlegende Unterscheidung von männlich und weiblich in kulturübergreifender Sicht. Hier befasst er sich auch eingehend mit Gender-Analysen.[47]

1.2.5 Quadranten

Einen wichtigen Teil von Wilbers Schema bilden die Quadranten. Damit sind vier Perspektiven gemeint, die beim menschlichen Wahrnehmen und Erkennen jeweils parallel für die Konstituierung und Sichtweise eines Sachverhalts verantwortlich sind.

	INNEN/LINKS	**AUSSEN/RECHTS**
INDIVIDUELL	Ich-Perspektive *subjektiv*	Es-Perspektive *objektiv*
KOLLEKTIV	Wir-Perspektive *intersubjektiv*	Sie-Perspektive *interobjektiv*

Es gibt dabei zwei linke oder innere Quadranten, das sind die Ich- und Wir-Perspektive, sowie zwei rechte oder äußere Quadranten, das sind die Es- und Sie-Perspektive.[48] Wilber übernimmt hier von Habermas die Fundierung dieser Quadranten/Perspektiven in der Sprache, ausgedrückt in den Pronomen: ich, wir, es und sie.[49]

Mit der Ich-Perspektive ist das individuelle und persönliche Erleben eines Sachverhalts gemeint, das jeder von uns in seiner eigenen Färbung erlebt. Mit der Wir-Perspektive bezieht sich Wilber auf die kollektive kulturelle Tradition und Lebensform, die die Herangehensweise an einen Sachverhalt prägt. Sie wird z. B. in der Hermeneutik angewendet. Diese beiden Perspektiven bilden die zwei Innen-Quadranten, denn sie sind subjektiv bzw. intersubjektiv und haben keinen Anspruch auf Objektivität wie die beiden anderen, die Außen-Quadranten.

Letztere sind erstens die Es-Perspektive. Das ist die individuelle wissenschaftliche Einstellung zu einem Sachverhalt, wie sie z. B. in der traditionellen Biologie und anderen Naturwissenschaften angewendet wird. Zweitens gehört zu den Außen-Quadranten die Sie-Perspektive, die die kollektive wissenschaftliche Einstellung ausmacht, wie sie z. B. in der Kybernetik oder in der Soziologie befolgt wird.

Diese vier Quadranten können für Wilber nicht getrennt werden, obwohl dieser Fehler meist gemacht wird. Alle vier Quadranten müssen immer gemeinsam berücksichtigt werden: Z. B. wenn ich an einem Weg eine Buche sehe, kann ich sie in meinem Inneren rein individuell als schönen Baum erleben (Ich-Perspektive). Ich kann mich bei einem Gewitter an den kollektiven Volksmundspruch „Buchen sollst du suchen" erinnern (Wir-Perspektive). Ich kann die Buche aber auch von außen betrachten und sie als individuelle Pflanze untersuchen und dabei z. B. ihre Blätter unter dem Mikroskop anschauen (Es-Perspektive). Schließlich kann ich sie als Teil eines großen Biotops sehen, das in den mannigfaltigsten Wechselwirkungen zu anderen Teilen steht (Sie-Perspektive). Alle diese Perspektiven sind immer *vorhanden* und dürfen nicht gegeneinander ausgespielt werden, z. B. unter der vermeintlichen Berücksichtigung von subjektiv und objektiv. Jede ist insgesamt gesehen gleichwichtig. Keine darf ignoriert werden.

Hinzuzusetzen ist dabei noch: Wie die Attribute „individuell" und „kollektiv" anzeigen, teilt Wilber die Quadranten nicht nur nach links und rechts sowie nach innen und außen ein, sondern auch nach diesen beiden Attributen. Dazu fasst er oft die beiden Außen-Perspektiven zu einer Perspektive zusammen und subsumiert sie beide unter die Es-Perspektive, sodass er oft nur von drei Perspektiven spricht, aber alle vier meint. Das ist auch der Fall, wenn er das Gute, Wahre und Schöne behandelt. Hier steht das Schöne als ästhetische Kategorie für die Ich-Perspektive, das Gute als ethische Kategorie für die Wir-Perspektive und das Wahre als wissenschaftlich-objektive Kategorie für die Es- und Sie-Perspektive. Denn diese Oberbegriffe leiten laut Wilber diese Perspektiven jeweils.

Wilber unterscheidet die linken von den rechten Quadranten auch insofern, als die rechten durch Perzeption und die linken durch Interpretation zugänglich sind (*Kurze Geschichte*. S. 125). Wieder kommt also *Interpretation* ins Spiel. So können wir laut Wilber unsere Tiefen deuten, während wir unsere Oberflächen nur sehen können (ebd. S. 126).[50]

Ab „Wilber 5" unterscheidet er in jeder Perspektive noch zwei Zonen, sodass er insgesamt auf acht Zonen kommt. Damit gewinnt er innerhalb jeder Perspektive nochmals eine Innen- und Außensicht.

	INNEN/LINKS	AUSSEN/RECHTS
INDIVIDUELL	*Zone 1/Innen:* Phänomenologie *Zone 2/Außen:* Strukturalismus *subjektiv*	*Zone 5/Innen:* Traditionelle Biologie *Zone 6/Außen:* Konstruktivistische Biologie *objektiv*
KOLLEKTIV	*Zone 3/Innen:* Hermeneutik *Zone 4/Außen:* Ethnologie *intersubjektiv*	*Zone 7/Innen:* Traditionelle Soziologie *Zone 8/Außen:* Systemtheorie *interobjektiv*

So sieht er in der Ich-Perspektive z. B. die von Husserl begründete phänomenologische Sichtweise[51] als Innen- und den Strukturalismus in der Prägung von Jean Piaget als Außenzone.

In der Wir-Perspektive ist für ihn z. B. die schon genannte Hermeneutik eine Innen- und die Ethnologie eine Außenzone.

In der Es-Perspektive bildet die konstruktivistische Biologie, wie sie von Maturana und Varela begündet wurde, eine Innenzone, während die traditionelle wissenschaftliche Sichtweise die Außenzone ausmacht.

Schließlich ist in der Sie-Perspektive die soziologische Systemtheorie, wie sie Niklas Luhmann eingeführt hat, die Innenzone, während die traditionelle Soziologie oder auch die traditionelle Kybernetik Außenzonen bilden.

Wilber reagiert mit dieser Unterscheidung in acht Zonen auf postmoderne Haltungen, die den „Mythos des Gegebenen"[52] kritisieren und den traditionellen Denkrichtungen vorwerfen, dass sie gerade Innensicht und Außensicht innerhalb ihrer Perspektiven nicht unterscheiden.

Innenzonen zollen dabei jeweils den Sichtweisen Tribut, wie Perspektiven von denen erlebt werden, die sich darin befinden. Aber damit diese Personen dabei nicht dem „Mythos des Gegebenen" verfallen, müssen sie sich gefallen lassen, dass es dazu auch Außenansichten gibt, die in diesem Fall nicht andere Perspektiven (also andere Quadranten) darstellen, sondern andere Sichtweisen innerhalb ihrer Perspektive. Auf diese Weise werden ihnen ansonsten nicht zugängliche Ergebnisse geliefert. So kann jemand für sein individuelles alltägliches Problemlösen in der Ich-Perspektive durch die Distanz von außen erst ein Feedback erhalten und so erst herausbekommen, in welcher Ebene er sich damit befindet. Z. B. wird durch das auf S. 23 erwähnte Farbenmischexperiment von Piaget in einer Außenzone daraufhingewiesen, ob jemand konkret-operational oder formal-operational handelt. Das weiß er in seiner inneren phänomenalen Sicht nicht von vornherein. Dafür braucht er laut Wilber gerade ein Außen-Feedback.[53]

Genauso ist dieses Feedback von außen in der Wir-Perspektive zur Einordnung der Sitten für eine Volksgruppe gut. Dies kann eine Volksgruppe nicht durch „Schmoren im eigenen Saft" erhalten, sondern z. B. durch vergleichende ethnische Studien.

Analoges gilt für die Es-Perspektive. Maturana und Varela haben hier mit ihrem Konstruktivismus in der Biologie eine neue Sichtweise etabliert, nämlich wie sich Lebewesen als Systeme selbst begreifen. Das hat nichts mit einer Hineindeutung subjektiver Sichtweisen in einen Frosch oder einen Wurm zu tun, sondern mit der Formulierung, wie ein Lebewesen nach objektiven Richtlinien in einer Unterscheidung von System und Umwelt sich selbst als System begreift und danach handelt.[54] Die herkömmliche wissenschaftliche Sicht versucht dagegen einfach einen Gegenstand als Objekt zu untersuchen und daraus Ergebnisse zu gewinnen. Z. B. in der Gerätemedizin wird durch invasive Untersuchungen wie Röntgenaufnahmen, Computertomografien etc. ein Wirbelsäulenschaden in seinem Ausmaß von außen bestimmt.

In der Sie-Perspektive hat nun Niklas Luhmann die System-Umwelt-Unterscheidung auf die Soziologie übertragen und so formuliert, wie sich soziale Systeme, z. B. die Wirtschaft oder die Politik, als Teile eines Ganzen, nämlich der Gesellschaft, nach eigenen Richtlinien innerhalb ihres Systemverständnisses verhalten.[55] Er hat damit eine Innensicht formuliert. Dagegen formuliert die traditionelle Soziologie, z. B. in der Nachfolge Max Webers, eine Außensicht auf die Gesellschaft.

Damit gibt es nicht nur vier Quadranten, sondern insgesamt acht Zonen, die berücksichtigt werden müssen.

Aber die Quadrantensicht modifiziert auch noch eine andere traditionelle Sichtweise entscheidend, nämlich die „Große Kette des Seins". Wird bei Letzterer davon ausgegangen, dass es eine evolutionäre Entwicklung von der Materie über Leben zu Vernunft und Seele bis hin zum GEIST gibt, räumt Wilber damit auf, dass Materie den untersten Bereich dieser Kette ausmacht. Aber nicht nur das, er stellt sich so auch gegen einen Körper-Geist-Dualismus. Gemäß seiner Quadrantensicht entwickelt sich nämlich Materie mit Geist parallel weiter. Jede neue Entwicklung zu einer neuen Ebene, wie sie Wilber in einer ersten Differenzierung zur „Großen Kette des Seins" formuliert, ist mit einer Entwicklung in allen Quadranten inklusive aller Zonen verbunden. Konkret auf die Materie bezogen, heißt das: Sie wird nicht einfach überwunden. Es gibt nicht ab einer gewissen Ebene nur noch Leben oder Vernunft oder Seele oder GEIST, sondern jede Entwicklungsstufe ist mit einer Veränderung der Materie verbunden, die z. B. in der Es-Perspektive sowohl in der Innen- als auch Außenzone festgestellt werden kann. So können bei Meditierenden, die sich in höheren Bewusstseinszuständen befinden, auch andere Gehirnströme gemessen werden.

1.3 Die integrale Lebenspraxis (ILP)

Nachdem Wilber in seinem Buch *Einfach „Das"* erste Anregungen für eine „Integrale Lebenspraxis" (ILP) gab, schuf er zusammen mit vertrauten Mitstreitern das „Integral Institute". In diesem Institut wird seitdem eine umfassende Umsetzung seiner „AQAL-Matrix" in die Praxis ausgearbeitet, die in Workshops, Seminaren u. Ä. gelehrt wird.

Die integrale Lebenspraxis besteht aus vier Kernmodulen, fünf Hilfsmodulen und einer Vielzahl von frei wählbaren Modulen. Die folgenden beiden Tabellen geben einen schematischen Überblick über die ersten beiden Gruppen, also die Kern- und Hilfsmodule.[56]

Kernmodule			
Kognitiv	**Spirituell**	**Schatten**	**Körper**
AQAL*	Big-Mind-Meditation*	3-2-1 Prozess*	F.I.T.*
Lesen & Studieren	Mitfühlender Austausch*	Gestalttherapie	ILP-Diät*
Glaubenssystem	Integrale Erforschung*	Traumarbeit	3-Body-Work*
Mentales Training	Das 1-2-3 Gottes*	Psychoanalyse	Yoga
Einnehmen verschiedener Perspektiven	Gebet und Sammlung	Kunst & Musik-Therapie	Qi Gong
Weltanschauungen	Zen	Beziehungsarbeit	Gewichtheben
	Kabbala	Kognitive Therapie	Aerobics

		Hilfsmodule		
Ethik	**Sexualität**	**Beziehungen**	**Emotionen**	**Arbeit**
Integrale Ethik*	Integrales sexuelles Yoga*	Integrale Beziehungen*	Emotionen umwandeln*	Arbeit als Form der ILP*
Verhaltenskodizes	Tantra	Integrale Elternschaft	Training von emotionaler Intelligenz	Rechter Lebenserwerb
Professionelle Ethik	Kamasutra	Kommunikationsfähigkeiten	Demutspraxis (Bhakti-Yoga)	Professionelles Training
Soziales & ökolog. Engagement	Kundalini-Yoga	Paartherapie	Praxis der emotionalen Achtsamkeit	Geldmanagement
Selbstdisziplin	Sexuelle transformative Praxis	Spirituelle Beziehungspraxis	Kreativer Ausdruck & Kunst	Karma-Yoga
Fairness		Richtige Verbindungen (Sangha)	Meditation des mitfühlenden Austausches (Tonglen)	Ehrenamtliche Arbeit
Gelübde & Versprechen		Bewusste Ehe		Arbeit als Transformation

Jedes Modul beinhaltet Aspekte menschlicher Kapazität, die geschult werden können. Wilber bezieht sich hier natürlich wieder auf seine fünf Kategorien der „AQAL-Matrix", die diese Aspekte strukturieren (siehe *Integrale Spiritualität*. S. 280).

Die vier grundlegenden Kernmodule widmen sich vor allem den „drei großen S", nämlich Schatten, Zuständen und Ebenen (amerikanisch: shadow, states und stages) im Ich-Perspektive-Quadranten und den mit den drei Hauptzuständen korrespondierenden drei Körpern (grobstofflich, subtil und kausal) im Es-Perspektive-Quadranten. Sie sind die Basis für ein integrales Leben.

Genauer heißt das: Im ersten Modul, dem kognitiven Modul, schult man sein Erkennen und schafft einen „integralen Bezugsrahmen".

Wilber formuliert das so:

„Das kognitive Modul oder **Modul der Co-Gnosis** ist einfach der theoretische AQAL-Rahmen. [...] AQAL ist nicht lediglich ein abstraktes Modell; [...] es [ist] ein Typus von **Integralem Betriebssystem**, das, wenn wir es uns erst einmal angeeignet oder ‚heruntergeladen' haben, in der Psyche Raum schafft für multiple Perspektiven. [...] Dieses Modul der Co-Gnosis ist notwendig, aber nicht hinreichend für die gesamte Entwicklung der Stufen." (*Integrale Spiritualität*. S. 280)

Die Wahl der sprachlichen Vergleiche hat etwas Verstörendes. Hier wird der Computersprache zu sehr gehuldigt. Denn die lebendige Aneignung, die dieses Modul zu einer eigenen Fähigkeit macht, bleibt bei dieser Darstellung auf der Strecke. Hier wird zu sehr ein *Vorhandenes* erklärt, das als Wissen wie ein Computerprogramm unser Gehirn und Verhalten programmieren soll.[57] Ich komme darauf unten in meinem Punkt 2.3 noch ausführlich zurück, wenn ich mit dem *absichtslosen Wissen* eine andere Sichtweise auf die Ausbildung von Wissen darstelle.

Allerdings macht dieses Zitat einen zu einseitigen Eindruck. Wilber ist natürlich so offen, dass er für dieses wie für jedes andere Modul als Praxis nicht nur das Lernen seiner „Philosophie" und seiner vom „Integral Institute" entwickelten Praxis[58] proklamiert, sondern auch andere Systeme, Weltanschauungen etc. aus Ost und West empfiehlt, die man – wie die obige Tabelle zeigt – wählen kann.

Im zweiten Kernmodul, dem spirituellen Modul, soll die spirituelle Fähigkeit bzw. die Transpersonalität gefördert werden. Darum werden hier Meditationen und spirituelle Praxis empfohlen. Dabei hat das „Integral Institute" eine eigene Praxis entwickelt, den ‚Big Mind Prozess', das ist

„ein Konzentrat aus mehreren Haupttypen meditativer Schulung, visionären Erfahrungen und Sammlung durch Gebet." (Ebd.)

Damit wird neben traditionellen Meditationstechniken geschult, wie man sich für das Transpersonale öffnet und damit u. a. ins Psychische, Subtile und Kausale eintreten kann.

Im Schattenmodul, dem dritten Kernmodul, wird gelehrt, wie man seine unbewusste Seite aufarbeiten kann. Das „Integral Institute" hat dafür den so genannten „3-2-1-Prozess" entwickelt,

„um zum eigenen persönlichen Schattenmaterial [d. h. zum jeweiligen Unbewussten; G. K.] Zugang zu bekommen und es zu integrieren" (*Integrale Spiritualtät*. S. 281). Dabei geht es darum, „den Schatten von Symptomen der dritten Person zur Präsenz der zweiten Person zum Bewusstsein der ersten Person um[zu]wandeln." (Ebd.)

So werden Inhalte des Selbst, die man ansonsten abspaltet und nur in der dritten Person als Es-Material formulieren kann, zuerst als ein Gegenüber in der zweiten Person zum Bewusstsein gebracht, mit dem man sich auseinandersetzen muss. Ziel ist es aber, diese Inhalte zu integrieren und so als Bestandteil seines Selbst zu akzeptieren. Damit werden sie zu Sachverhalten, die zum Ich und damit zur ersten Person gehören. Auf diese Weise kann man Aggressionen, die man zuerst auf andere projiziert – so als wäre man nicht selbst, sondern stattdessen diese anderen aggressiv –, über den Weg der Auseinandersetzung damit als eigene Aggressionen akzeptieren.

Daneben kann man hier aber auch traditionelle Therapien wie Psychoanalyse oder Gestalttherapie wählen, die analoge Ziele verfolgen.

Das vierte und letzte Kernmodul, das Körpermodul, beinhaltet Übungen für die drei Körper (grobstofflich, subtil und kausal). Hier hat das „Integral Institute" für den grobstofflichen Körper eigene Diäten entwickelt, wie die ILP-Diät, dazu grobstofflich und subtil wirkende Fitnessworkshops wie das F.I.T.-Programm sowie das sogenannte 3-Body-Work, das alle drei Körper schult. Es stehen hier aber auch traditionelle Praktiken wie Gewichtheben für den grobstofflichen Körper oder Qi Gong für den subtilen

Körper oder Yoga für den grobstofflichen und subtilen Körper u. a. zur Auswahl.

Daneben gibt es noch die folgenden Hilfsmodule

- Ethik,
- Sex,
- Arbeit in der Welt (Job),
- (negative) Emotionen umwandeln und
- Beziehungen,

für die das „Integral Institute" Seminare, Workshops, Kurse, Onlineskripte und Material für das Selbststudium anbietet.[59]

Schließlich kann man im „Integral Institute" neben diesem „eher persönlich orientierten Training" (*Integrale Spiritualität*. S. 282) auch professionelle Workshops bzw. Seminare für Mediziner, Psychotherapeuten, Führungskräfte etc. belegen.[60]

1.4 Wahrheitskriterien des integralen Ansatzes und post-metaphysische Interpretation

Damit habe ich in Kurzform Wilbers Konzept in Theorie und Praxis vorgestellt. Wilbers Anspruch, so die wichtigsten Theorien und Praxisformen aus West und Ost, aus Wissenschaft und Spiritualität unter einem Bezugsrahmen, der „AQAL-Matrix", zusammengefasst zu haben, ist natürlich sehr groß. Wilber relativiert darum insofern, als sein integraler Ansatz nur versucht, eine Art Landkarte abzustecken, um mit der Wirklichkeit besser zurechtzukommen. Er betont dabei, dass diese Landkarte nicht mit der Wirklichkeit verwechselt werden darf. Auch gibt er zu:

„Natürlich ist AQAL nicht der einzige Weg [...] und vielleicht auch nicht der beste; es ist einfach der einzige Weg, den ich kenne." (*Integrale Spiritualität*. S. 285)

Allerdings schränkt er diese Selbstrelativierung sofort dahingehend ein:

„Aber welche Schlussfolgerung wir über AQAL als eigene Meta-Theorie auch ziehen: Wir sollten nie vergessen, dass dieser Bezugsrahmen auf der Gesamtheit der erwähnten Methodologien beruht – das heißt, es handelt sich hier um eine Meta-Theorie, die auf eine Meta-Praxis zurückgeht. Sie ist das Ergebnis einer Praxis der Einbeziehung, keine Theorie über Einbeziehung." (Ebd.)

Wichtig ist in diesem Zusammenhang auch, welche Wahrheitskriterien er einführt. Das beinhaltet erst einmal: Wie kann man in seinem System Erkenntnisse auf ihre Gültigkeit hin überprüfen? Denn so wird erst klar, wie nach seinen eigenen Richtlinien auch Kritik an seinem Ansatz geübt werden könnte. So beschreibt er, dass die Gültigkeit jeder Erkenntnis folgende drei Gesichtspunkte umfassen muss:[61]

1. instrumentelle Injunktion,
2. intuitive Apprehension,
3. gemeinschaftliche Bestätigung (oder Widerlegung).

Ich werde dies im Folgenden erklären.

1.4.1 Instrumentelle Injunktion

Um Erkenntnisse überprüfen zu können, muss erst einmal das Paradigma angegeben und angewendet werden, für das die Erkenntnis gültig sein soll. Hier stützt sich Wilber auf Thomas S. Kuhns bahnbrechende Arbeit *Die Struktur wissenschaftlicher Revolutionen.*[62] Darin wird klargemacht, dass es keine allgemein gültige Erkenntnis gibt, sondern jede Erkenntnis nur immer für einen bestimmten Bereich bzw. Kontext gültig ist, der vorher abgesteckt und beschritten werden muss. Dieser Bereich wird „Paradigma" genannt. Wilber weitet diesen Bereich dahingehend aus, dass er ihn nicht nur auf naturwissenschaftliche Erkenntnisse und damit auf den Es-Perspektiven-Quadranten beschränkt, sondern auch die anderen drei Quadranten mit einbezieht. Aber nicht nur das: Neben dem jeweiligen Quadranten muss auch die jeweilige Ebene angegeben werden, in der eine Erkenntnis ihren Gültigkeitsrahmen hat. Denn die Untersuchung jedes Quadranten kommt zu völlig anderen Ergebnissen, falls sie aus unterschiedlichen Ebenen heraus betrachtet wird. So kann eine Beobachtung der Ich-Perspektive aus der weltzentrischen Ebene zu völlig anderen Erkenntnissen als eine Beobachtung der Ich-

Perspektive aus der psychischen Ebene kommen. Beim ersten Fall kann man nur dazu vorstoßen, dass der jeweilige Proband formal-operationale Handlungen vollführt oder die Meinung hat, dass alle Menschen (egal welcher Rasse) ethisch gesehen gleiche Wertschätzung verdienen. Ein Proband, der sich in der psychischen Ebene befindet, kann aber zusätzlich bis zum Einssein mit der Natur bzw. Kultur gelangen. Das würde man aber durch die Begrenztheit auf die weltzentrische Ebene grundsätzlich nicht wahrnehmen können, sondern erst wenn auch die Beobachtung aus der psychischen Ebene heraus stattfindet. Hier heißt es also, die Scheuklappen einer zu engen Wissenschaftssicht abzulegen und den Kuhn'schen Paradigmenansatz vollständig auf die „AQAL-Matrix" zu übertragen. Das bedeutet aber auch, dass man Grenzen berücksichtigen muss: Ist jemand bis jetzt über die weltzentrische Ebene nicht hinausgekommen, ist es unmöglich für ihn, Berichte über Erfahrungen der psychischen Ebene zu verstehen. Denn er selbst hat keinen Zugang zu dieser Ebene. Er bestreitet sogar, weil er sich innerhalb *Tier 1* und damit auf einer „Flachland"-Stufe befindet, dass es überhaupt andere Ebenen gibt.[63]

Jetzt wird vielleicht Wilbers oben zitierte Aussage klarer, in der es darum ging, dass Theresia von Avila Schwierigkeiten hat, ihre subtilen Erfahrungen sprachlich kundzutun, und Wilber vielwissend hinzusetzt:

„wenn auch nur deshalb, weil sie [Theresia; G. K.] nicht voraussetzen kann, daß wir [die Leser ihres Buchs; G. K.] die Erfahrung gemacht haben" (*EKL*. S. 365).

Das bedeutet für Wilber nämlich: Um die Erkenntnisse eines Paradigmas zu verstehen, muss man selbst in der Lage sein, sich vollständig hineinzubegeben, d. h. sowohl in den

Quadranten als auch in die Ebene. Ansonsten erfüllt man dieses erste Überprüfungskriterium nicht. Man muss also zuerst bestimmte Fähigkeiten oder bestimmte Mittel dazu haben. Wilber betont dabei zu Recht, dass er hier nur etwas ausweitet, was auch im wissenschaftlichen Kontext grundsätzlich gilt:

„Wenn man die Jupitermonde sehen will, braucht man ein Fernglas [...]. Um die Wahrheit des Pythagorassatzes einsehen zu können, muss man sich mit Geometrie beschäftigen."[64]

Wilber bringt das auf die Kurzformel für das erste Kriterium: „Wenn du dies wissen willst, tue dies." (Ebd.) Das meint Wilber mit „instrumenteller Injunktion". Wenn jemand dazu nicht in der Lage ist, weil ihm die Mittel oder Fähigkeiten dazu fehlen, sollte er auch so ehrlich sein, dies zuzugeben. Allerdings ist diese Ehrlichkeit schon ein Kennzeichen für eine Ebene in *Tier 2*.

1.4.2 Intuitive Apprehension

Das zweite Kriterium ist die unmittelbare Erfahrung. Das bedeutet: Wenn man in dem angegebenen Paradigma ist und sich den bestimmten Quadranten aus der genannten Ebene genähert hat, dann muss man die beschriebene Erfahrung, auf der die Erkenntnis beruht, machen bzw. wiederholen. D. h. analog zur empirischen Forschung muss man eine Art Experiment durchführen. Wilber beruft sich hier explizit auf den Empirismus, nur weitet er ihn wiederum aus. Bei ihm gilt diese Herangehensweise nicht nur für sinnliche Wahrnehmung, sondern auch für geistige oder spirituelle Wahrnehmungen, also z. B. auch für die ästhetischen Erfahrungen beim Lesen eines Goethe-Romans oder für die meditative Erfahrung in einer Zen-Sitzung. Das meint Wilber mit „intuitiver Apprehension". Dadurch bekommt man erst die Daten, die es zu überprüfen gilt.

1.4.3 Gemeinschaftliche Bestätigung (oder Widerlegung)

Mit dem dritten Kriterium beruft sich Wilber auf Karl Poppers Forderung der Falsifizierbarkeit. Hat man nämlich jetzt die Daten, die gemäß den Richtlinien von „instrumenteller Injunktion" und „intuitiver Apprehension" ermittelt wurden, können diese gegebenenfalls von einer Forschergemeinschaft für falsch erklärt werden. Damit stellt Wilber diese Daten unter das Kriterium der intersubjektiven Gültigkeit. D. h. andere, die unter den gleichen Bedingungen zu anderen Ergebnissen kommen, können die ermittelten Ergebnisse für unrichtig erklären. Dabei entscheidet im Endeffekt die Gemeinschaft aller beteiligten Forscher, wessen Erkenntnisse wahr oder falsch sind.

Dabei ist laut Popper allerdings eine einmal für gültig erklärte Erkenntnis nicht für alle Zeit gültig, sondern spätere Untersuchungen können mit besseren Mitteln und besseren Fähigkeiten zu besseren Erkenntnissen führen. Insofern nähert man sich laut Popper der absoluten Wahrheit immer mehr an.[65] Diese Tatsache vertuscht Wilber ein wenig, wenn er sie vielleicht (siehe sein Landkartenzitat oben) auch nicht völlig ausblendet. Allerdings blendet er aus, dass Thomas S. Kuhn seinen Paradigmenansatz explizit in Widerspruch zu Poppers Falsifizierbarkeit formuliert hat. Für Kuhn gibt es nämlich die Annäherung an die absolute Wahrheit Poppers nicht mehr, weil ein Paradigma nie alle

Bereiche abdecken kann. Kuhn verabschiedet sich zwar nicht insgesamt vom Gedanken des (evolutionären) Fortschritts, aber er relativiert diesen sehr.[66] Es bleibt deshalb festzuhalten, dass Wilber mit seinen drei Überprüfungskriterien zwei zumindest von ihren Schöpfern unvereinbare Ansätze zusammenbringt. Das muss noch nicht falsch sein. Wenn man Falsifizierbarkeit nicht allgemein, sondern nur auf das jeweilige Paradigma bezogen für gültig erklärt, scheint es sogar so zu sein, dass beide Ansätze miteinander vereinbar sind.

1.4.4 Die Doktrin der zwei Wahrheiten

Was aber dann weiterverfolgt werden muss, ist die Frage, welche Ansicht Wilber zur Wahrheit selbst hat bzw. welchen Wahrheitsbegriff er vertritt. Man findet hierzu in „Wilber 5" – wenn auch bisher nur im Internet – folgende Aussage, dass

„die großen Traditionen von Parmenides [bis hin; G. K.] zu Padmadsambhava praktisch einmütig darin übereinstimmen, was Vedanta die Doktrin der ‚zwei Wahrheiten' nennt: Es existiert eine absolute bzw. nichtduale Wahrheit und eine relative bzw. konventionelle Wahrheit, und beide sind von radikal unterschiedlicher Art."[67]

Wilber bekennt sich dabei voll und ganz zu dieser Doktrin und erläutert weiter, dass für eine relative bzw. konventionelle Wahrheit die zwei Werte *wahr* und *falsch* gelten. Man kann in aristotelischer Tradition ergänzen: Ein Drittes gibt es nicht (tertium non datur). Dagegen kann

„über die [absolute Wahrheit; G. K.] buchstäblich und radikal NICHTS Zutreffendes auf eine widerspruchsfreie Art und Weise gesagt werden" (ebd.).

Zusammenfassend schreibt er:

„Konventionelle Wahrheiten werden durch die Wissenschaften erkannt; absolute Wahrheit durch satori. Und das ist einfach nicht das Gleiche" (ebd.).

Sehe ich die letzten beiden Zitate im Einklang mit Wilbers sonstigem Werk, so trifft das für diese Doktrin insgesamt nicht zu, weil sie Wilber als Dualisten ausweist und im Widerspruch zu Kernpunkten seines Konzepts steht. Denn Wilber beschreibt in dieser Doktrin deutlich, dass die absolute Wahrheit als „von radikal unterschiedlicher Art" aufgefasst werden muss und die relative Wahrheit nicht ergänzt oder die Basis für sie darstellt. Genauer gesagt: Hier wird explizit von zwei verschiedenen Wahrheiten und nicht mehr von einer ausgegangen.

Aber auch wenn wissenschaftliche Wahrheit und satori nicht das gleiche sind, muss das noch lange nicht heißen, dass beide *radikal* verschieden sind. Selbst wenn es richtig *wäre*, dass die besagten „großen Traditionen von Parmenides [bis hin; G. K.] zu Padmadsambhava" in dieser Doktrin übereinstimmen, ist eine solche Sichtweise gerade ein Kennzeichen für Ebenen bis einschließlich der weltzentrischen Ebene. Ab der zentaurischen Ebene bzw. zumindest ab *Petrol* dürfte es jedoch nur noch eine einheitliche Wahrheit geben, die gerade nicht radikal von der relativen Wahrheit von *Infrarot* bis hin zu *Grün* verschieden ist. Vielmehr schließt sie diese im Gegenteil mit ein. Das bedeutet: Auch wenn die Menschen bis einschließlich *Grün* keine vollständige Sicht der Wahrheit in ihrer Zweiwertigkeit haben, ist die ihre nicht „von radikal unterschiedlicher Art" im Vergleich mit der ab *Petrol*.

Man könnte jetzt zwar zugunsten Wilbers vorbringen, dass man diese Doktrin nicht auf die Goldwaage legen sollte. Schließlich ist sie von ihm bis jetzt nur im Internet und in keinem seiner Bücher veröffentlicht worden. D. h. es könnte durchaus sein, dass er sie in einem Printmedium nicht so radikal formulieren würde. Allerdings sehe ich diese Doktrin trotzdem nicht als Ausrutscher von Wilber an, sondern sie passt sehr genau in das Gesamtergebnis, das ich in meiner Analyse von seiner „Theorie von Allem" gewonnen habe. Denn in dieser Theorie wird nur scheinbar die Überwindung des „tertium non datur" (ab *Petrol*) gepredigt. Insgesamt ist sie aber in vieler Hinsicht auf dualistischen Trennungen aufgebaut. Gerade das werde ich in meinem Punkt 2 neben anderen Problemen bei diesem Konzept aufzeigen.

1.4.5 Wilbers integrale Post-Metaphysik (IPM)

Zuvor möchte ich aber noch auf Wilbers integrale Post-Metaphysik (IPM) als Teil seiner Theorie eingehen. Seit „Wilber 5" legt er nämlich verstärkten Wert darauf, sich hier auf der Höhe der Zeit zu demonstrieren und einer möglichen Kritik von postmodernen Vertretern adäquat entgegnen zu können. Dabei integriert er auch das eben vorgestellte dreigliedrige Überprüfungsschema mit instrumenteller Injunktion, intuitiver Apprehension und gemeinschaftlicher Bestätigung (oder Widerlegung), um herauszustellen, dass intersubjektive Überprüfbarkeit seiner Ergebnisse und von Erkenntnissen überhaupt ein wichtiger Bestandteil seines Ansatzes ist (siehe *Integrale Spiritualität*. S. 319).

Auch die schon erwähnte Untergliederung der Quadranten in acht Zonen und seine Betonung, dass Materie nicht der unterste Bereich der „Großen Kette des Seins" ist (siehe oben), fällt unter die postmetaphysische Deutung seines Konzepts.

Darüber hinaus ist ein wichtiger Umstand dieser Sichtweise, dass Wilber damit die aufgezeigten Ebenen der (menschlichen) Realität nicht als präexistente Strukturen ansieht, die auf eine der Evolution vorausgehende Involution verweisen (*Integrale Spiritualität*. S. 297 ff.), sondern als „Kon-Strukte des erkennenden Subjekts" (ebd. S. 319). Darum sind diese Ebenen auch keine zeitlosen, ewigen Bewusstseinsstrukturen, sondern „kosmische Gewohnheiten", die die Menschen durch ihr Tun erst erschaffen und durch die sie im Kósmos Furchen hinterlassen.[68] Erst wenn diese Furchen entstanden sind, sind diese Ebenen zukünftig für die Menschheit allgemein zugänglich (siehe *Integrale Spiritualität*. S. 328). Wie hinsichtlich der (Bewusstseins-) Zustände beschrieben, sind bis jetzt diese „kosmischen Gewohnheiten" etwa bis zur psychischen Ebene bzw. bis zu *Indigo* vorangeschritten.[69]

Damit ist wiederum eine Kritik an der Vorstellung der „Großen Kette des Seins" verbunden, da diese Kette somit als ein Gegebenes gar nicht existiert, sondern erst von Menschen geschaffen werden muss. Auch damit zollt Wilber der postmodernen Kritik gegen den „Mythos des Gegebenen"[70] Tribut.

Aber er geht noch weiter und formuliert, dass Erleuchtung im Hintergrund der Post-Metaphysik gesehen werden muss. Seine Definition ist:

„ERLEUCHTUNG ist die Verwirklichung von Einssein mit allen Zuständen und Strukturen, die zu einem gegebenen Zeitpunkt existieren." (*Integrale Spiritualität*. S. 329)

Das bedeutet: Auch Erleuchtung ist relativ und ist der evolutionären Entwicklung unterworfen. Der historische Gautama Buddha war danach zwar sehr wohl erleuchtet, aber nicht so erleuchtet wie ein gegenwärtiger westlicher Meditierender. Denn Buddha war es nicht möglich, weiter als bis zur soziozentrischen Ebene voranzuschreiten, da diese die höchst zugängliche Ebene seiner Kultur war. Da es Menschen heutzutage möglich ist, (mindestens) bis zur psychischen Stufe bzw. zu *Indigo* voranzuschreiten, können zeitgenössische Meditierende ihre zeitlose Leere somit in komplexeren Formen ausdrücken, als dies Buddha möglich war.

2. Probleme in Wilbers Werk

2.1 Überblick auf die Gesamtproblematik

Wie schon oben angedeutet, sehe ich Wilbers „Theorie von Allem" als widerspruchsbeladen an. Denn sie kann letztendlich ihre eigene Forderung nicht erfüllen, zumindest ab einer bestimmten Ebene nicht mehr dualistisch vorzugehen.

Einen ersten Beleg für diesen Widerspruch gibt Wilbers Anschauung, dass es zwei radikal verschiedene Wahrheiten gibt, eine absolute und eine relative. Denn so schließt er genau ein Drittes aus, wie es das „tertium non datur" vorgibt. Das dürfte aber ab der geglückten zentaurischen Ebene nicht mehr passieren. Hier dürfte es vor allem die strikte Trennung zwischen den beiden Wahrheiten nicht mehr geben. Aber Trennungen durchziehen Wilbers gesamtes Werk, auch wenn er im Laufe seiner Entwicklung immer wieder die Schwierigkeiten dieser Trennungen merkt und gerade durch seine post-metaphysischen Deutungen in „Wilber 5" viele Korrekturen an seinen ursprünglichen Trennungen vornimmt.

So ist z. B. die Wilber-Combs-Matrix ein Zeichen dafür, dass es Probleme gibt, zwischen Ebenen und Zuständen genau zu trennen. Aber hier wie auch bei der Einführung der Zonen innerhalb der Quadranten zieht Wilber nicht die Konsequenzen, Trennungen insgesamt aufzugeben bzw. sie zu relativieren. Stattdessen führt er neue Trennungen ein, die teilweise zu sehr willkürlichen Ergebnissen führen.[71]

Aber was wäre die Konsequenz, wenn er von diesen Trennungen Abstand nehmen und sie relativieren würde? Würde das nicht sein gesamtes System total umstürzen? So würde gerade sein in Ebenen gegliederter Evolutionsprozess nicht mehr aufrechtzuerhalten sein, den er gerade mit Einführungen wie der Wilber-Combs-Matrix in „Wilber 5" retten will.

Hier sieht man deutlich, wie er einerseits Forderungen der Postmoderne aufnimmt, etwa die Kritik am „Mythos des Gegebenen", wie er andererseits aber zentrale Konsequenzen daraus zu ziehen vehement vermeidet. Dabei müsste er nicht so weit gehen, dass er seine Holarchie, sein Entwicklungskonzept oder die Priorisierung der Interpretation total aufgibt. Denn eine Relativierung bedeutet nicht alles gleichzusetzen, was Wilber als „Teufel immer wieder an die Wand malt". Es gibt trotz Berücksichtigung von Relativierungen nach wie vor Entwicklungen, die besser und schlechter sind. Nur ist hier immer der Bezug anzugeben, wozu sie besser und schlechter sind. Wilber müsste also Kontexte noch viel radikaler einbeziehen, als er das bis jetzt tut, und Abstand von eindeutigen Interpretationen nehmen.

Dazu sollte er auch so ehrlich sein und zugeben, dass jedes Konzept blinde Flecken hat, die man per se nicht kennt. Schließlich wäre es gut, von vornherein einen offenen Gesamtkontext zu formulieren, ein „In-der-Welt-sein", das anstelle von Trennungen das Ganze mehr betont. Es mag überraschen, das Wilber vorzuwerfen. Aber dadurch dass – wie ich unten erklären werde – Wilber seine Darstellungen auf *Vorhandenes* im Sinne von Heidegger beschränkt und *Zuhandenes* und das Sein mehr oder weniger ignoriert, bekommt er, trotz zäher Versuche, das Ganze zu wenig in den Blick. Im Vergleich mit der Musik könnte man sagen: Er bemüht sich zu sehr, die Abfolge der Töne haargenau darzustellen, schafft es aber nicht, eine Melodie zu erschaffen, die nur im Bezug zum Ganzen zu hören ist. Liest man allerdings Bücher wie *Mut und Gnade*[72] oder berücksichtigt man seinen Vorstoß mit ILP, ist dieser

Vorwurf natürlich nicht ganz gerecht. Hier wie an anderen Stellen schafft er es durchaus, Melodien zu entwickeln. Aber insgesamt legt er zu wenig Wert darauf, weil er gewisse Eckpfeiler seiner Konzeption wie die evolutionäre Ebenenentwicklung und insgesamt seine Trennungen nicht aufgeben will. Das hat auch paradoxerweise damit zu tun, dass er das „Wie" seiner Darstellung, d. h. die Erzählweise, oft dem „Was", d. h. dem Inhalt, zu sehr unterordnet. Denn hier sieht er trotz seines Versuchs mit *Boomeritis*[73], seiner explizit *literarischen* Auseinandersetzung mit dem postmodernen Roman, nicht die Bedeutung, die die Erzählweise für den Inhalt hat. Schließlich ist ein anderer wichtiger Knackpunkt, dass er die Differenz Endlichkeit – Unendlichkeit zu wenig ins Zentrum seines Werks rückt. So behandelt er die Endlichkeit des menschlichen Daseins bzw. der Ich-Struktur viel zu wenig. Er weist nur darauf hin, wie auf der kausalen Ebene das Selbst zur Unendlichkeit durchbricht. Dass das Selbst als menschliches Dasein genauso wie als Ich-Struktur aber sterblich ist und nur das Selbst als transpersonaler Teil des Seins Zugang zum Unendlichen hat, macht er viel zu wenig deutlich.

Dies alles möchte ich nun im Folgenden Punkt für Punkt darstellen!

2.2 Wilbers Wahrheitsproblematik und Alternativen dazu

Ich habe jetzt mehrfach betont, dass Wilbers Konzeption der Wahrheit in der Trennung von absoluter und relativer Wahrheit widerspruchsbeladen ist und seine eigenen Vorgaben für eine Überwindung der dualistischen aristotelischen Wahrheit nicht erfüllt. Was gibt es aber hier für Alternativen? Wie kann dieses Problem gelöst werden?

Ich möchte zur Beantwortung dieser Frage weit ausholen und zuerst vier Arten von erkenntnistheoretischen Herangehensweisen in der Philosophie unterscheiden, nämlich Realismus, Dogmatismus, Bewusstseinsphilosophie und Sprachphilosophie. So kann ich darlegen, dass Wilbers Ansatz der Bewusstseinsphilosophie zuzurechnen ist. Dadurch hat er allerdings per se Probleme, ein nicht dualistisches Wahrheitskonzept zu formulieren. Denn wie sich zeigen wird, braucht man radikale sprachphilosophische Annahmen, um diesen Dualismus erkenntnistheoretisch zu überwinden. Ich mache dies paradigmatisch anhand von Wittgensteins Ansatz in der Kripke-Deutung deutlich.[74] Allerdings ist es mit einem rein erkenntnistheoretischen Ansatz noch nicht getan, ansonsten würde man in der Differenzierungsphase der zentaurischen Ebene steckenbleiben. Das ist auch einer der Gründe, warum Wilber solche Ansätze kritisiert, weil sie im Endeffekt nicht die Verbindung von Körper und Geist schaffen und das Ich nicht in ein transpersonales Selbst auflösen. Darum möchte ich im Anschluss daran ein existenzphilosophisches Konzept darlegen, das ebenfalls das „tertium non datur" überschreitet, und dazu sowohl bloße Erkenntnistheorie transzendiert als auch in einer Modifizierung sehr deutlich den Weg zu einer transpersonalen Philosophie ebnet. Eine große Rolle spielt dabei, Endlichkeit ernst zu nehmen und trotzdem Unendlichkeit nicht zu leugnen.

2.2.1 Unterscheidung von Realismus, Dogmatismus, Bewusstseinsphilosophie und Sprachphilosophie[75]

Bei *realistischen Anschauungen* – wie im klassischen Empirismus in der Tradition von Francis Bacon – wird die äußere Realität für die letztbegründete wahre Basis gehalten, und zwar genauer aufgrund der Wahrnehmungen, die wir davon haben. Für diese Empiristen führen somit allein Wahrnehmungen in Form von Messungen zur Wahrheit. Noch rigoroser sind *dogmatische Rationalisten*, wie im 18. Jahrhundert die Vertreter der Leibniz-Wolff-Schule, für die nicht die Wahrnehmung, sondern das Denken, z. B. in Form der Mathematik, der Garant einer wahren Erkenntnis ist. D. h. durch das Denken allein ist für diese Vertreter die Wahrheit eines Urteils garantiert. Man benötigt dazu keine Erfahrung. Gegen beide Ansichten stellt sich am Ende des 18. Jahrhunderts Kant mit seiner kritischen Philosophie,[76] einer *Bewusstseinsphilosophie*. Er setzte darin fest, dass Objekte der Außenwelt nicht für sich stehen, sondern vom Subjekt bzw. vom Bewusstsein konstituiert werden. Er bezweifelt allerdings nicht, dass es eine Außenwelt gibt, die vom Bewusstsein unabhängig ist. Jedoch ist für ihn ein reines Objekt der Außenwelt – er nennt es „Ding an sich" – dem Bewusstsein per se nicht zugänglich. Zugänglich ist dem Bewusstsein nur eine Erscheinung dieses Objekts, die es nach vorgegebenen objektiven Kategorien konstituiert, d. h. erschafft. Diesen Rückgang nennt Kant auch seine „kopernikanische Wende". Er hat somit eine Basis, sowohl die Erfahrung in Form der Erscheinungen als auch das Denken in Form des Bewusstseins in einer

Verbindung zum Garanten einer – wenn auch nur beschränkten – wahren Erkenntnis zu machen. Damit räumt schon Kant im Sinne von Wilber mit dem „Mythos vom Gegebenen" auf. Denn Kant macht klar, dass wir nicht unsere Erscheinungen von der Welt mit der Welt schlechthin verwechseln dürfen. Unser mögliches Wissen ist auf die Erscheinungen beschränkt und so von vornherein begrenzt. Gewisse Fragen – und dazu zählt Kant alle sogenannten metaphysischen Fragen, wie z. B. die Frage nach der Existenz Gottes – drängen sich uns zwar immer wieder auf, sind innerhalb der uns wissbaren Grenzen aber nicht zu beantworten. Wilbers Ansatz der integralen Post-Metaphysik (IPM) geht im Grunde genommen nicht über Kant hinaus, auf den er sich dabei auch explizit beruft.[77] Weitergehende Ansätze wie die Sprachphilosophie negiert Wilber zwar nicht, aber er übernimmt sie nur in der Form, wie sie von Habermas vermittelt werden,[78] und das ist zu wenig. Damit zieht er nämlich nie die Konsequenz der dezidierten sprachphilosophischen Vertreter, tatsächlich das „tertium non datur" zu überwinden. Er schreckt nämlich, Habermas folgend, davor zurück, das hermeneutische Verstehen aufzugeben, eine nach wie vor bewusstseinsphilosophische Kategorie, die das „tertium non datur" als Voraussetzung benötigt.[79] Denn in der Hermeneutik wird Verstehen (zumindest innerhalb eines bestimmten Kontextes) eindeutig von Nichtverstehen abgegrenzt. Es gibt dabei kein Drittes. Das bedeutet aber, dass eine strikte Sprachphilosophie noch einen Schritt hinter Kants *kopernikanische Wende* zurückgehen muss: Nicht nur darf ein „Ding an sich" danach nicht wahrnehmbar sein, sondern auch die Erscheinungen davon, wie auch das Denken, können zu keinen eindeutigen Erkenntnissen führen.

2.2.2 Kripkes Wittgensteindeutung

In Saul Kripkes Wittgensteindeutung wird dies nun so radikal umgesetzt, dass tatsächlich auch das „tertium non datur" überwunden wird und so ein hermeneutisches Verstehen nicht mehr möglich ist. Dieser Umstand wird durch das sogenannte skeptische Paradox in seiner Interpretation von Wittgensteins Spätphilosophie erreicht. Nach diesem skeptischen Paradox ist es unmöglich, irgendeine *definitive* Behauptung aufzustellen. Auch jedes als eindeutig wahr befundene wissenschaftliche oder mathematische Axiom *löst* sich dadurch *auf*. Denn man kann danach nicht einmal beweisen, dass 2 plus 2 gleich 4 ist.

So absurd sich das anfangs anhört, so unwiderlegbar ist dieses skeptische Paradox. Im Endeffekt beschreibt es zusammen mit der skeptischen Lösung, die paradoxerweise vor allem im Akzeptieren des skeptischen Paradoxes besteht, am besten, wie Kommunikation vor sich geht. Kripke geht dabei vom ersten Satz von § 201 der Wittgensteinschen *Philosophischen Untersuchungen* aus, der lautet:

„Unser Paradox war dies: eine Regel könnte keine Handlungsweise bestimmen, da jede Handlungsweise mit der Regel in Übereinstimmung zu bringen sei."[80]

Er interpretiert diesen Satz folgendermaßen: Niemand kann eine Regel oder die Bedeutung eines Begriffs definitiv erfassen. Als Beispiel gibt Kripke die Addition an.

Man kann es aber auch im alltäglichen Regelfolgen beim Sprechen, d. h. mit dem Gebrauch jedes x-beliebigen Sprachausdrucks, veranschaulichen, z. B. mit dem Begriff „Schreibpult".

Wenn z. B. irgendjemand – nennen wir ihn Herrn X – sagt: „Dies hier ist ein Schreibpult", und für Herrn X

„Schreibpult" die Bedeutung hat, darauf Schreibarbeiten erledigen zu können, dann könnte ein anderer – Kripke nennt diesen anderen einen „exzentrischen Skeptiker" (*Kripke* S. 18) – sagen: „Das stimmt nicht! Das ist ein Schreibpult mit der Bedeutung, darauf – ab heute – zu duschen." Dabei gesteht er vorerst noch zu, dass bis gestern die von Herrn X angegebene Bedeutung gestimmt habe.

Das Perfide ist, dass der „exzentrische Skeptiker" erstens damit nur ein Gegenbeispiel anführen will. Ihm geht es nicht darum, die von Herrn X implizierte Bedeutung des Begriffs „Schreibpult" durch eine andere zu ersetzen, sondern nur diese zu bezweifeln. Das heißt: Er hätte auch für die Bedeutung „Schreibpult" angeben können, dass die ab heute die eines Musikinstruments wäre. Das zweite Perfide ist: Er wirft Herrn X vor, dass er sich in seiner Erinnerung bzw. im metasprachlichen Sinne täusche. D. h. er wirft ihm vor: Er täusche sich, wenn er meine, dass er auch in der Vergangenheit die von ihm erwähnte Bedeutung für diesen Begriff benutzt habe, sondern schon in der Vergangenheit benutzte er die vom Skeptiker erwähnte Bedeutung. D. h. genauer: Schon in der Vergangenheit war die Bedeutung von „Schreibpult" so, dass sie enthalten hat, ab dem heutigen Tag „darauf zu duschen". Oder genauer – weil es dem Skeptiker ja nur um die Bezweiflung der Bedeutung mittels eines Gegenbeispiels geht: Herr X könne nicht beweisen, dass er in der Vergangenheit die von ihm erwähnte Bedeutung für „Schreibpult" wirklich erfasst habe und nicht die des Skeptikers.

Das klingt natürlich absurd! Aber worum es dem „exzentrischen Skeptiker" in einem ersten großen Schritt geht, ist nicht einmal, Herrn X grundsätzlich abzusprechen, dass er Bedeutungen erfassen kann. Er würde z. B. erst einmal zugeben, dass Herr X recht habe, wenn er ihm auf seine Bezweiflungen antworte: Er habe doch die

Bedeutung von „Schreibpult" so – wie erklärt – gelernt und damit bis jetzt keine Schwierigkeiten gehabt. Keiner habe ihn jemals verbessern müssen. Allerdings würde der Skeptiker Herrn X vorwerfen, dass es unzulässig sei, von bisher nur *endlich* ausprobierten Fällen für die Bedeutung von „Schreibpult" darauf zu schließen, dass dies auch für *unendlich* viele Fälle gilt. Dieser Sprung vom *Endlichen* zum *Unendlichen* sei unzulässig, und nur aufgrund dieses unzulässigen Sprunges habe Herr X die irrige Auffassung, er könne für das Bedeutungserfassen ein eindeutiges Faktum angeben, das dieses für alle Ewigkeit determiniert. Der Skeptiker gäbe nämlich – wie gesagt – zu, dass sich bis gestern die Gültigkeit der von Herr X benutzten Bedeutung für „Schreibpult" mit der seinen völlig überschnitten habe. Aber ab heute sei das nicht mehr so, und Herr X könne nicht beweisen, dass er nicht schon in der Vergangenheit die andere Bedeutung von „Schreibpult" gelernt habe. Denn Herr X könne wegen des unzulässigen Sprungs von *endlichen* zu *unendlichen* Fällen kein eindeutiges Faktum für seine Bedeutung angeben.

Was hier auffällig ist, ist die unlösbare Verbindung von *Unendlichkeit* und diskretem eindeutigem Faktum. Eines gibt es nicht ohne das andere. Und da der Sprung ins *Unendliche* nicht bewiesen werden kann, kann auch kein eindeutiges Faktum bewiesen werden.

In einem zweiten großen Schritt geht der Skeptiker dann aber noch weiter: Zu keiner Zeit, weder jetzt noch in der Vergangenheit noch in der Zukunft, habe oder werde Herr X die Möglichkeit haben, ein eindeutiges Faktum für irgendeine Bedeutung, ob für „Schreibpult" oder für sonst irgendetwas, angeben zu können. Nicht einmal beim Zeitpunkt des Lernens selbst. Denn immer stellt sich hier der Sprung von *endlichen* Fällen zu *unendlichen* Fällen als unmöglich heraus. Aber nur dieser Sprung würde Herrn X zu irgendeiner Zeit erlauben, davon zu sprechen, dass er eine Bedeutung wirklich eindeutig erfasst habe und dass er dafür ein determinierendes Faktum angeben kann.

Was heißt das nun für den daraus entstehenden Wahrheitsbegriff? Nach dem Ausgeführten scheint es so zu sein, als würde es nur kontinuierliche Veränderung und nichts Diskretes geben, als wäre alles ständig im Fluss, da es nie möglich ist, eine isolierte Definition von irgendeiner Bedeutung anzugeben. Allerdings wird sich diese Umformulierung als zu stark erweisen. Denn Kripkes skeptisches Paradox dreht nicht die normale Überbetonung des Diskreten einfach um und sagt das Gegenteil, sondern schafft eine mehr oder weniger gleichgewichtige Verbindung von beiden Seiten. Nichts mehr als das bedeutet die Folgerung aus dem skeptischen Paradox, dass man sich nie sicher sein kann, ob die Bedeutung, die man erfasst hat, auch wirklich stimmt.

Wie ist das genauer zu verstehen? Zur Beantwortung dessen möchte ich mich zuerst mit der Frage beschäftigen: Ist aufgrund des skeptischen Paradoxes Kommunikation überhaupt möglich? Denn dieses Paradox scheint auf den ersten Blick jeden Boden der Sicherheit im Kommunizieren unter den Füßen zu entziehen.

Aber man darf beruhigt sein: Kripke hat nicht nur ein skeptisches Paradox formuliert, sondern auch eine skeptische Lösung, und damit erklärt er sehr wohl, wie Kommunikation möglich ist. Jedoch akzeptiert er in dieser Lösung das skeptische Paradox; und das bedeutet, dass es zutrifft: Niemand kann sich sicher sein, ob die Bedeutung, die er erfasst hat, auch wirklich stimmt. Aber wie kann Kommunikation dann funktionieren?

Um dies zu beschreiben, stelle ich im Folgenden die von Kripke dafür aus Wittgensteins *Philosophische Untersu-*

chungen entstammenden Schlüsselbegriffe „Übereinstimmung", „Lebensform" und „Kriterium" dar.

Dabei sollte man sich zuerst nochmals genauer vor Augen führen, was durch das skeptische Paradox bezweifelt wird, nämlich dass ein einzelner Mensch Bedeutungen allein erfasst. Auch ist es danach zu wenig, dass zum Bedeutungserfassen beim Einzelnen ein Prozess des Lernens, z. B. in der Kindheit, hinzugerechnet wird.

Die skeptische Lösung sieht nun so aus, dass die Bedeutungen von Begriffen in zwei Pole unterschieden werden, in:

(a) (gerade) hinterfragte Bedeutungen und
(b) (gerade) nicht hinterfragte Bedeutungen.

Dazu wird in dieser Lösung ein ständiger Lernprozess der Menschen im wechselseitigen Dialog angenommen. Das bedeutet: Mindestens zwei Menschen tauschen sich im Dialog aus, um sich über Bedeutungen klarer zu werden. Ein Mensch allein kann per se keine Bedeutungen erfassen. Dabei wirkt sich die Unterscheidung in die Bedeutungspole (a) und (b) sowie die Anerkennung des skeptischen Paradoxes so aus, dass alle Bedeutungen, die hinterfragt werden, also (a), sich aufgrund des erwähnten Paradoxes als unentscheidbar herausstellen, weil der Sprung vom *Endlichen* ins *Unendliche* unmöglich ist. Dagegen – um überhaupt miteinander kommunizieren zu können – stimmen die Gesprächspartner in allen unhinterfragten Bedeutungen (b) spontan überein. Allerdings bedarf es zu dieser spontanen Übereinstimmung einer gemeinsamen Lebensform, die bewirkt, dass diese Bedeutungen eben nicht hinterfragt werden. Je kleiner diese gemeinsame Lebensform ist, umso weniger unhinterfragte Bedeutungen gibt es und umgekehrt. Kriterium für Übereinstimmung, das will ich nochmals betonen, ist immer ihre unhinterfragte Spontaneität. Wenn mir einer ein Fenster zeigt und den Begriff dafür ausspricht, wo ich spontan auch ein Fenster sehe, stimme ich ihm spontan zu und mit ihm überein. Dasselbe gilt, wenn mir jemand sagt, er habe Zahnschmerzen. Auch hier stimme ich seiner Aussage spontan zu. Jedoch nicht, weil ich seine Zahnschmerzen sehen kann, sondern erstens, weil ich ihm vertraue, und zweitens, weil ich zumindest auf den ersten Blick dafür typische Anzeichen wahrnehme, wie dicke Backe etc. Allerdings gibt es auch Übereinstimmungen – das möchte ich gar nicht bezweifeln –, die zumindest vordergründig nicht spontan, sondern erst durch eine dialogische Hinterfragung zustande kommen. Ansonsten wäre z. B. jeder mathematische Beweis oder jedes rationale Argument und damit auch meine Arbeit hier umsonst. Allerdings heißt das nicht, dass das skeptische Paradox damit über den Haufen geworfen wäre. Denn wenn auch hier durch ein längeres Gespräch etc. eine Übereinstimmung geschaffen wird, wird dadurch nicht der Sprung vom *Endlichen* ins *Unendliche* geschafft. Es gibt zwar natürlich Menschen, die gerade annehmen, dass sie diesen Sprung schaffen. Aber dies bleibt eine Glaubensannahme. Diese Menschen ziehen einfach um einige Bedeutungen feste Grenzen, die sie als wahr und unhinterfragbar ausweisen. Aber mit Glaubensannahmen löst man das skeptische Paradox nicht. Nein, auch Übereinstimmungen, die in Gesprächen gemacht werden, in denen es um mathematische oder göttliche Beweise geht, sind weder für alle Zeit von Bestand noch kann man sie überhaupt genau definieren. Im Endeffekt bleiben sie auch nach längeren Diskussionen spontan.

Damit habe ich schon implizit beschrieben: Die Grenzen zwischen den beiden unterschiedlichen Bedeutungsunterpolen sind nicht geschlossen, sondern offen und werden mit jedem Gespräch neu gezogen. So können unhinterfragte Bedeutungen zu hinterfragten werden und umgekehrt. Es gibt hier einen ständigen Wechsel. Aber solange wir in einer nur irgendwie gemeinsamen Lebensform sind, heißt das, dass nie alle Bedeutungen hinterfragt werden und es immer noch eine spontane gemeinsame Basis gibt.

Festzuhalten bleibt damit: Damit es Kommunikation gibt, bedarf es mindestens zweier Gesprächspartner und dazu hinterfragter und unhinterfragter Bedeutungen. Ein Mensch allein kann keine Kommunikation vollführen. D. h. einer allein kann weder Bedeutungen erfassen, noch kann er die Grenzen zwischen unhinterfragten und hinterfragten Bedeutungen neu ziehen, wie dies in jedem x-beliebigen Dialog sehr wohl geschieht. Denn einer allein kann nicht spontan zu Übereinstimmungen kommen. Dafür bedarf es immer mindestens zweier Personen. Nur wenn ein anderer oder mehrere andere mit ihm spontan übereinstimmen, gibt es für ihn diese Grenzen, ansonsten kann er sie nicht ziehen.

Damit habe ich gerade in eigenen Worten beschrieben, was das berühmte Wittgenstein'sche Privatsprachenargument besagt. Eine solche, eine Privatsprache, gibt es nämlich grundsätzlich nicht, weil dabei die nötige spontane Zustimmung fehlt. Darum gibt es auch im eigentlichen Sinn des Wortes keinen Monolog, so paradox das klingt. Denn auch ein Monolog bekommt erst im Dialog seine Bedeutung und wird entweder zu den hinterfragten oder unhinterfragten Bedeutungen gezählt. Aber natürlich leugnen Kripke bzw. Wittgenstein nicht die Existenz eines *einsamen Selbstgesprächs* und damit eines *Monologs*. Aber diese Formen der Sprache haben einen anderen Status als Kommunikation bzw. als Sprache im Wittgenstein'schen Sinne. Laut Wittgenstein dürfen sie erst als Kommunikation bezeichnet werden, wenn sie sich im Dialog bewähren, weil dann erst die Grenzen zwischen hinterfragten und nicht hinterfragten Bedeutungen durch spontane Übereinstimmungen gezogen werden und es so etwas wie Bedeutungen gibt.

Jedoch aufgepasst! Sowohl für die allgemeine Grenze zwischen den zwei Arten von Bedeutungen als auch für die konkrete Grenze zwischen Dialog und Monolog gilt das skeptische Paradox, sodass beide Grenzen nie definitiv gezogen werden können. M. a. W.: Die durch das skeptische Paradox und seine Lösung beschriebene Kommunikation ist in sich selbst widersprüchlich. Denn für Widerspruchsfreiheit bräuchte man ein determinierendes Faktum, und das wird gerade durch dieses Konzept in Frage gestellt. Am Augenfälligsten wird diese Selbstwidersprüchlichkeit darin, dass nicht einmal das skeptische Paradox und seine Lösung genau angebbar sind. Denn auch dafür bräuchte man ein determinierendes Faktum. Damit wird aber nichts anderes zugegeben, als dass semantische Antinomien bzw. unauflösbare Widersprüche Bestandteile der Kommunikation sind und das „tertium non datur" sowie die Trennung von Objekt- und Metaebene nicht gelten.

Nach diesen Ausführungen ist Wahrheit also von der Kommunikation abhängig, und nur ein sprachphilosophischer Ansatz, der das unumschränkt einräumt, scheint dies erkenntnistheoretisch in den Blick zu bekommen. Dabei ist es wichtig, die *Endlichkeit* zu berücksichtigen und nicht unüberlegt zum *Unendlichen* zu springen. Allerdings gibt es keine strikte Grenze zwischen den beiden Bereichen. Diese Grenze wird nur jeweils innerhalb der Kommunikation gezogen. In gewisser Weise ist so Wahrheit nur relativ und auf die jeweilige Lebensform der Beteiligten bezogen. Wolfgang Stegmüller beschreibt das so, dass man sich danach statt auf *Wahrheitsbedingungen* nur noch auf *Be-*

hauptbarkeitsbedingungen stützen kann.[81] Die Begriffe „Kriterium" und „Übereinstimmung" in Zusammenhang mit „Lebensform" bestimmen dabei die Basis. Sie bilden sozusagen die Überprüfungskriterien, die in Wilbers Konzept instrumentelle Injunktion, intuitive Apprehension und gemeinschaftliche Bestätigung (oder Widerlegung) bilden. Eine lebensformübergreifende Wahrheit gäbe es danach nicht.

So weit zu dieser Wahrheitskonzeption, die eine radikale Ausprägung einer skeptischen Wahrheitskonzeption der Postmoderne und damit von *Grün* zu sein scheint und scheinbar keine Überschreitungsmöglichkeiten zu transpersonalen Ebenen erlaubt. Denn die Radikalität der Unterscheidung von *Endlichem* und *Unendlichem* scheint keine Transzendierungsmöglichkeiten offen zu lassen! Aber ist das tatsächlich so? Denn man sollte eines nicht verwechseln: Hier werden diese beiden Bereiche zwar streng unterschieden, aber nicht getrennt. Sprich: Was „endlich" und „unendlich" ist, entscheidet sich, wie bei allen anderen Bedeutungen auch, jedes Mal wieder innerhalb der Kommunikation. Und eine Aussage, dass es *Unendlichkeit* gar nicht gebe, wäre gerade nach dieser Konzeption unmöglich, denn dafür gibt es kein festes Kriterium. Allerdings geht es in Kripkes Ansatz um Erkenntnistheorie. Eine transpersonale Ebene eröffnet aber noch andere Bereiche.

2.2.3 Heideggers Wahrheitskonzept

Um einen Übergang dazu zu schaffen, möchte ich Heideggers Wahrheitskonzept darstellen. Auch dieses Konzept überwindet das „tertium non datur", allerdings auf einem

Weg, der nicht nur jenseits von Realismus, Dogmatismus und Bewusstseinsphilosophie ist, sondern auch jenseits von Sprachphilosophie. Denn dabei wird die Existenz[82] des Menschen – vor jeder theoretischen Erklärung phänomenologisch betrachtet – ins Zentrum gerückt.[83] Allerdings wird hier auch nicht mehr auf ein eindeutiges Faktum Bezug genommen. Dabei spielt wiederum Endlichkeit zumindest in einem ersten Schritt eine zentrale Rolle.

Heideggers Ausgangspunkt ist ähnlich wie bei Kripke bzw. wie von Wittgenstein im § 201 seiner *Philosophischen Untersuchungen* formuliert:

„Unser Paradox war dies: eine Regel könnte keine Handlungsweise bestimmen, da jede Handlungsweise mit der Regel in Übereinstimmung zu bringen sei."

Denn auch Heidegger kritisiert den herkömmlichen Übereinstimmungsbegriff. Jedoch formuliert er keinen neuen im Kontext von Lebensform etc. Stattdessen geht Heidegger hinter den traditionellen Wahrheitsbegriff zurück, der damit zusammenhängt, dass Wahrheit die Übereinstimmung von Aussage und Seiendem ist. Für ihn ist dieser traditionelle Wahrheitsbegriff zwar nicht falsch, aber abkünftig von einem ursprünglicheren Wahrheitsbegriff, der auf der Offenbarkeit des Seienden basiert und so den Ermöglichungsgrund der abkünftigen Wahrheit bildet. Für diese Offenbarkeit des Seienden ist darum eine andere Differenz entscheidend, nämlich ob diese unverdeckt oder verdeckt ist.[84]

Dabei gibt Heidegger zwei Richtungen vor:
In seinem Hauptwerk, in *Sein und Zeit*,[85] liegt diese Offenbarkeit als Akt des Offenbarmachens in der Hand des

Daseins. Das Dasein schafft im Akt des Entdeckens die primäre Wahrheit und entscheidet damit das Entdeckt- oder Verdecktsein der Wahrheit.[86]

Dabei ist zu betonen: Heidegger versucht in *Sein und Zeit* menschliches Seiendes nicht mit theoretischen oder wissenschaftlichen Annahmen zu beschreiben, sondern so, wie sich dieses Seiende selbst versteht. Er versucht also vorphilosophisch bzw. vortheoretisch die Phänomene zu beschreiben. Dies darf nicht mit einer prärationalen Anschauung verwechselt werden, sondern ist so etwas wie die Rekonstruktion der intuitiven Sicht jedes Menschen, egal auf welcher Ebene er sich nach Wilber befindet. Mit dem zentralen Begriff „Dasein" stellt Heidegger dabei das menschliche Seiende in den *Grundbewegtheiten des Lebens* dar. Genauer: Dasein ist immer mit einem bestimmten „In-der-Welt-sein" verbunden, von dem es nicht gelöst werden kann. Es *ist* immer konkret in einer bestimmten Welt *da*.[87] Menschliches Seiendes ist also ohne Welt, in der es sorgend agiert, nicht möglich. Es gibt also nicht zuerst ein Subjekt, das von Objekten umgeben ist, sondern beides ist von vornherein miteinander verbunden und gleichzeitig da. Damit löst Heidegger die Subjekt-Objekt-Trennung, aber auch die Ich-Welt-Trennung von vornherein auf, die in realistischen und dogmatischen Anschauungen oder in Bewusstseinsphilosophien üblich ist. Denn es ist auch nicht so, dass das Dasein in seinem vortheoretischen Verständnis das „In-der-Welt-sein" abbildet oder erschafft. Dies sind erst nachträgliche theoretische Erklärungen der Philosophie bzw. Wissenschaft, die das Dasein von seiner ursprünglichen Existenz wegführen. Damit ist aber auch der herkömmliche Ich-Begriff eine nachträgliche Interpretation. Vortheoretisch als Dasein erfährt sich der Mensch gar nicht getrennt von der Welt. Es ist darum für Heidegger wichtig, die Wahrheitskonzepte, die dies vermitteln, nämlich den Realismus, den Dogmatismus, die Bewusstseinsphilosophie, aber auch die Sprachphilosophie oder das „tertium non datur",[88] als solche nachträgliche Interpretationen zu entlarven und zu destruieren.[89] Denn sie sind alle dadurch nicht primär für die ursprüngliche Existenz des Menschen entscheidend.

Primär entscheidend für die Existenz ist stattdessen, wie sich das Dasein *der* zentralen Grunderfahrung stellt. Denn das Dasein erfährt sich in seinem „In-der-Welt-sein" als endlich und ist darum vor die Aufgabe gestellt, sich dieser Endlichkeit zu stellen. Die Grunderfahrung dieser Endlichkeit hat es nach Heidegger in der Stimmung der Angst. Denn in der Angst nimmt es wahr, dass der Bezug zur Welt im Ganzen weg sein kann, und genau damit hat es eine vorwegnehmende Erfahrung für die Endlichkeit des eigenen Seins. Es gibt nun die zwei Möglichkeiten, dem entweder auszuweichen oder dies aushaltend wahrzunehmen. Die erste Möglichkeit nennt Heidegger die Seinsart des *Man*, die zweite die der *Entschlossenheit*. In der Seinsart des *Man* agiert das Dasein verdeckend. Es deckt die Offenbarkeit des Seienden nicht auf, sondern weicht der Wahrheit aus. Nur in der *Entschlossenheit*, im Aushalten der Angst, deckt das Dasein seine existenzielle Wahrheit auf, die in der Endlichkeit seines Seins besteht.

Allerdings scheint es damit wieder so: Auch Heidegger formuliert auf diese Weise – gerade weil er die Endlichkeit noch radikaler ins Auge fasst als Wittgenstein bzw. Kripke – immer noch keinen transpersonalen Ansatz. Es scheint sogar ganz im Gegenteil so zu sein, dass die Existenz des Daseins den Letztwert seines Konzepts darstellt und damit auch ein nicht beweisbares, determinierendes Faktum im Sinne von Kripkes Wittgensteindeutung, auch wenn diese Existenz nicht mit dem Ego bzw. Ich gleichgesetzt werden darf. Denn diese Existenz ist von vornherein nicht von der Welt getrennt und trotzdem mit Bewusstsein erfüllt.

Jedoch habe ich bis jetzt nur die erste von Heidegger vorgegebene Richtung vorgestellt und noch nicht die zweite.

Es ist nämlich so, dass – wie schon der Titel von Heideggers Hauptwerk *Sein und Zeit* zeigt – das Sein in Verbindung mit Zeit und nicht das Dasein in Verbindung mit Endlichkeit das Hauptthema seines Ansatzes ist.[90] Mit *Sein und Zeit* und dem damit verbundenen Konzept hat er aus methodischen Gründen dieses Hauptthema aber verfehlt und zuerst auf weitere Werke verschoben (siehe *SuZ*. S. 39 f.). Schließlich hat er deren Ausführung ganz abgebrochen.[91] So ist *Sein und Zeit* in seiner Wirkungsgeschichte vor allem wegen seiner Daseinsanalyse berühmt geworden, welche z. B. von Sartre weitergeführt wurde.[92] Heidegger setzt sich aber später von dieser Richtung ausdrücklich ab[93] und versucht nach *Sein und Zeit* in einem neuen Anlauf sich dem Thema des Seins zu nähern. Er bleibt hier seinem phänomenologischen Ansatz[94] treu, auch wenn er die Sprache als „Haus des Seins" (*Humanismusbrief*. S. 313) stärker mit einbezieht. Denn sprachliche Kunstwerke wie Gedichte von Hölderlin, Trakl oder Celan (aber auch bildende Kunstwerke wie die von van Gogh) schaffen es sehr gut, sich dem Sein zu nähern und Seiendes in seiner Wahrheit offenbar werden zu lassen.

Zu Wahrheit äußert sich Heidegger nach *Sein und Zeit* ausführlich in seinem Vortrag *Vom Wesen der Wahrheit*[95] von 1930, den er für die bis zu seinem Tod gedruckten Fassungen noch mehrmals modifiziert.[96] Dabei macht er deutlich, dass für ihn nun weder die Endlichkeit im Zentrum seines Wahrheitskonzepts steht, noch dass Wahrheit durch die Entschlossenheit des Daseins entdeckt werden kann.[97] Kurz: Wahrsein ist jetzt nicht mehr ein Insistieren auf die Existenz des Daseins[98] in ihrer Endlichkeit.

Heidegger stellt jetzt dagegen das Geschehen des Seins selbst in den Mittelpunkt, das ein Geheimnis offenbart, ohne selbst offenbar zu werden.

Dieses Geheimnis und damit die Wahrheit kann nämlich nicht entdeckt werden, sondern muss *sein gelassen werden*. Die Wahrheit kann so nicht aktiv vom Dasein *geraubt* werden, sondern sie ist eine Gabe, für die sich das Dasein nur bereit machen kann, sie zu empfangen.

Denn:

„Seinlassen [...] bedeutet, sich einlassen auf das Offene und dessen Offenheit, in die jegliches Seiende hereinsteht." (*Wahrheit*. S. 84)

So kann Wahrheit im Geschehen des Seins erfahren werden, ohne dass man ihrer irgendwie habhaft würde. Ab 1936 nennt Heidegger dieses Geschehen mit seinem berühmten Begriff „Ereignis" (siehe *Figal*. S. 112). Dabei steht die Offenbarkeit des einzelnen Seienden immer im Horizont des offenen Ganzen, des Seins. Letzteres kann aber nie erreicht werden. Präsenz ist im Hinblick auf das Seiende immer mit der Absenz des Seins verbunden. So verbirgt sich das Gebende im Gegebenen der Gabe. Oder anders ausgedrückt: Die Unverborgenheit des einzelnen Seienden ist mit der Verborgenheit des Seins im Ganzen untrennbar verknüpft.

Der Mensch erkennt im Normalfall aber diese Verknüpfung nicht und ist nicht bereit, diese Gabe und damit die Wahrheit zu empfangen. Er ist zu sehr auf seine Existenz fixiert. Oder mit anderen Worten: Er ist auf absolute Präsenz ohne Berücksichtigung der Absenz aus.

Dabei ist zu betonen: Heideggers erste vorgegebene Richtung ist nicht deshalb ergänzungsbedürftig, weil sie die Existenz des Daseins behandelt und auf das Verdrängen des Todes aufmerksam macht, sondern weil sie den Blick darauf zu sehr einengt. Denn eine bedeutende Voraussetzung für das Bereitsein der Wahrheit des Seins beinhaltet gerade ein Akzeptieren der Endlichkeit des Daseins. Es ist sehr wichtig zu sehen, dass dem Dasein in seinem Erkennen und seiner Fortdauer deutliche Grenzen gesteckt sind, die es nicht überschreiten kann. Allerdings – wie Heidegger in seiner Philosophie nach *Sein und Zeit* zeigt – steht es auch im Horizont des Seins. Es ist damit Teil des Seienden im Ganzen, ohne das es weder irgendetwas erkennen noch überhaupt sein könnte. Dies gilt es zu akzeptieren bzw. *sein zu lassen.* Hier genau ist der Übergang zu den transpersonalen Ebenen. Denn laut Heidegger tut sich für jemanden, der sich in diesem Horizont im *Ereignis* aufhält und das *Sein lässt* eine neue Zeit auf, bzw. es ereignet sich hier die Zeit überhaupt erst selbst. Dabei darf diese *neue Zeit* nicht mit der innerweltlichen Zeit verwechselt werden, die wir als vorhandene mit unseren Chronometern messen, sondern hier entspringt eine Zeit, die

„selbst solange ‚geschieht', wie man sich in der ursprünglichen, durch sie ermöglichten Offenheit halten kann." (*Figal.* S. 112 f.)

So entspringt hier „aus der Zeit überhaupt die Welt neu" (*Figal.* S. 113). Allerdings heißt das nicht, dass es eine strikte Trennung zwischen diesen beiden Zeiten gibt. Denn wie Heidegger betont: Die neue Zeit ist vielmehr die Zeit selbst, die auch der Ursprung für die vorhandene innerweltliche Zeit ist.

Um dies auszudrücken, benötigt man allerdings eine Sprache abseits der vorhandenen Alltäglichkeit. An diesem Punkt kommt die Dichtung für Heidegger ins Spiel, weil sie „der eigentliche Entwurf des Seins auf die Zeit" ist (*Figal.* S. 146). Bedeutende Autoren wie Hölderlin, Trakl oder Novalis stoßen zu dieser Dichtung vor,[99] aber auch ein bildender Künstler wie van Gogh erreicht mit seinen Gemälden Analoges.[100] Schließlich versucht Heidegger ebenso mit seiner ihm eigentümlichen Sprache diesem Umstand gerecht zu werden.

Dabei wird das Dasein nicht mehr ausschließlich in seiner endlichen Existenz verstanden, sondern das Dasein als Selbst erfährt sich hier als Teil des Seins, das (noch) in einem anderen Zeithorizont als der Endlichkeit steht. Allerdings kann dieser Zeithorizont nie eingeholt werden, sondern nur *sein gelassen* und ausgehalten werden. Heidegger beschreibt darum im Anschluss an Hölderlin diese Situation so, dass das Dasein in der offenen Zeit des Ereignisses zwischen den *verlorenen Göttern* der Vorzeit und dem *Vorenthalt* eines kommenden Gottes steht (siehe *Figal.* S. 152 ff.). Dies sind Chiffren dafür, dass das Dasein zwischen einer nicht entscheidbaren Vergangenheit und einer unbestimmten Zukunft eingebettet ist und es dies während einer spirituellen Erfahrung im „Hier und Jetzt" zu akzeptieren gilt. Die von Wilber beschriebenen psychischen, subtilen, kausalen und nondualen Erfahrungen können gerade in diesen Kontext gestellt werden. Allerdings gibt Wilber dafür nicht nur mit seinem dualistischen Wahrheitskonzept zu ungenaue Voraussetzungen an, sondern er legt auch seinen Schwerpunkt zu sehr auf eine holarchische Entwicklung. Heidegger legt dagegen erstens mehr Gewicht auf das Aushalten der Endlichkeit und zweitens auf das Akzeptieren der Offenheit im Ereignis. Auch macht er sich drittens große Gedanken zum „Wie" der

Darstellung dieser Sachverhalte – siehe seine Ausführungen zu Künstlern und Dichtern.

Bei Wilber kommen diese drei Punkte zu kurz. Zwar marginalisiert er die Endlichkeit nicht. Sein wunderbares Buch *Mut und Gnade* beschreibt den individuellen Tod seiner zweiten Ehefrau sehr genau. Aber er macht zu wenig auf die Differenz zwischen Endlichkeit und Unendlichkeit aufmerksam und überspringt sie zu schnell. Kurz: Er ist dem absoluten Präsenzdenken noch zu sehr unterworfen. Ansonsten müsste er sich nämlich mit dem „tertium non datur" auseinandersetzen bzw. damit, dass determinierende Fakten nicht beweisbar sind.

Darüber hinaus formuliert er die transpersonalen Ebenen als linear aufsteigende Stufen und damit als Teil einer holarchischen Gesamtentwicklung. Dass in der Transpersonalität mit der Offenheit des Ereignisses im „Hier und Jetzt" eine andere Zeit ins Spiel kommt, die gerade solche linearen Vorstellungen in Frage stellt, berücksichtigt er damit nicht.

Schließlich formuliert er seine Ansichten trotz seiner ersten Ansätze in *Boomeritis* noch zu alltäglich und wird damit dem „Wie" einer Darstellung der neuen Welt, die im *Seinlassen* entsteht, nicht gerecht. Zwar gibt es auch poetische Beschreibungen des „einfach ‚das'", aber die sind getrennt von seinen übrigen Erklärungen. Wilber schafft es nicht, beide Pole zu vereinen, wie er es ab einer geglückten zentaurischen Ebene (also spätestens ab *Petrol*) selbst fordert. Beides erreicht Heidegger besser, auch wenn er nicht explizit eine Unterscheidung zwischen Ego und Selbst trifft, sondern mit seinen Begriffen „Dasein" und „Sein" eine andere Gewichtung ins Spiel bringt. Allerdings hat Wilber auch gute Gründe, sich mit diesen drei Punkten nicht oder nur marginal auseinanderzusetzen, weil er sonst sein Gesamtkonzept nicht aufrechterhalten könnte. Aber damit greife ich vor. Dies wird sich im Folgenden noch um vieles mehr zeigen.

2.3 Weitere Kritikpunkte und Alternativen

Wilbers gesamtes Konzept, nicht nur sein Wahrheitskonzept, ist leider grundsätzlich von Trennungen bestimmt. Habe ich im letzten Punkt gezeigt, dass erkenntnistheoretisch kein diskretes Faktum beweisbar ist, das eine eindeutige Wahrheit belegen könnte, gilt dies gerade für Wilbers eindeutige Trennungen z. B. von Ebenen und Zuständen. Auch seine vier Quadranten bzw. acht Zonen können darum nicht genau getrennt werden. Dass Wilber darum immer wieder Änderungen an diesen Trennungen vornimmt und z. B. das Wilber-Combs-Schema einführt oder die Quadranten durch die Zonen erweitert, ist nur ein vergeblicher Versuch, doch ein diskretes Faktum dafür zu finden.

Es wäre darum besser, wenn er statt scharfer Trennungen offene Unterscheidungen benützen würde, die, wie bei meiner Darstellung der hinterfragten und nicht hinterfragten Bedeutungen, sich innerhalb der Kommunikation ständig ändern und nie definitiv bestimmt werden können. Damit würde er nämlich das „tertium datur" berücksichtigen. So verfährt nämlich auch Heidegger, der sich z. B. in seiner entscheidenden ontologischen Differenz von Sein und Seiendem sogar davor hütet, überhaupt positive Begriffe dafür zu benutzen.[101] Aber würde Wilber so verfahren, dann müsste er auch grundsätzliche Züge seines Konzeptes offener darstellen. Die Konsequenzen wären – wie schon angedeutet –, dass er gewisse Priorisierungen, wie die von Ebenen, der Bedeutung der Interpretation oder der evolutionären Entwicklung, nicht aufrechterhalten könnte. Jedoch geht das überhaupt? Sind das nicht die Eckpfeiler seines Konzeptes? Ich will mich diesen Fragen so nähern, dass ich zu erklären versuche, warum Wilber überhaupt an diesen diskreten Fakten hängt bzw. wie er überhaupt dazu kommt, dass er sein Konzept so gefasst hat.

2.3.1 Rekapitulation und Konsequenzen der bisherigen Ergebnisse

Dabei ist erst einmal zusammenzufassen, was ich zu Wilbers Voraussetzungen bis jetzt in meiner Arbeit herausgefunden habe:

Wilbers Konzept ist insgesamt im Kontext einer Bewusstseinsphilosophie zu sehen und dabei von Habermas geprägt, gerade auch in der Einbeziehung sprachphilosophischer Elemente. So ist Wilbers Quadrantenkonzept eine Erweiterung von Habermas' sprachpragmatischer Begründung für das kommunikative Handeln.[102] Dazu legt er wie Habermas ein starkes Gewicht auf die Interpretation.[103] Zwar betont er dabei die Kontextgebundenheit von Interpretationen (*Kurze Geschichte*. S. 135), allerdings geht er wie Habermas nicht so weit, das „tertium non datur" aufzugeben.

Er übernimmt auch implizit Habermas' reduziertes Wittgensteinverständnis. Dabei hat sogar der Habermas sehr wohl geneigte Manfred Frank gezeigt, dass Habermas Wittgensteins Spätphilosophie immer nur auf ein starres Regelfolgenkonzept reduziert.[104] Das hat die Konsequenz, dass Habermas ein Konzept wie Kripkes Wittgensteinsicht von vornherein fremd sein muss. Und hier folgt ihm Wilber genauso, wie er im Einklang mit Habermas in seinen Angriffen gegen dekonstruktivistische Autoren wie Derrida steht, die das „tertium non datur" überwinden.[105]

Eine andere Tradition, die Wilber weiterführt, ist die der Vertreter der evolutionären Entwicklungsvorstellung mit der „Großen Kette des Seins". Allerdings sieht er hier, dass diese Vorstellung im Zeitalter der Postmoderne starken Änderungen unterzogen werden muss. Dies unternimmt er gerade – wie gezeigt – mit „Wilber 5". Aber er scheut hier davor zurück, die entscheidenden Konsequenzen zu ziehen und das „tertium non datur" zu überwinden.

Im Kontext dieser Entwicklungsvorstellung ist auch ein Autor wie Jean Gebser zu sehen, der mit seinem Konzept eine wichtige Vorarbeit für Wilber geleistet hat. Gerade Gebser war es nämlich, der ein aperspektivisches Zeitalter als Überwindung der rationalen und perspektivischen Sicht in Anfängen für seine eigene Gegenwart gesehen und noch mehr gefordert hatte. Hier führt ihn Wilber mit seinem Quadrantenkonzept weiter, womit Letzterer versucht, die Überwindung einseitiger Perspektiven zu begründen.

Aber schafft er das auch? Vervielfacht Wilber so nicht bloß die Perspektiven und versucht zur Untermauerung die verschiedenen Wissensgebiete in Wissenschaft und Philosophien unter die Quadranten bzw. Zonen gewaltsam zu subsumieren? Denn hier hat er wiederum das Problem, ein diskretes Faktum angeben zu müssen, um die einzelnen Wissensgebiete voneinander zu trennen. Aber das ist erkenntnistheoretisch unmöglich und muss scheitern. Seine Zuordnungen von einzelnen Philosophen und ihren Werken zu einzelnen Zonen sind darum willkürlich und könnten auch völlig anders vorgenommen werden. So kann man Heideggers Philosophie mit Recht sowohl der Phänomenologie (Zone 1), der Hermeneutik (Zone 3), aber auch einer Kritik des „Mythos des Gegebenen" (Zone 4) zuordnen. Wilber selbst zählt sie aber nur zur Hermeneutik (*Integrale Spiritualität*. S. 217). Ähnliches gilt für Habermas' Philosophie, die er in Zone 4 einordnet (ebd. S. 242), die man aber durch ihre Nähe zur Hermeneutik mit ihrer Priorisierung der Interpretation genauso zu Zone 3 zählen könnte. Mit anderen Worten: Komplexe Wissensgebiete können nur gewaltsam einer Zone bzw. einem Quadranten zugeordnet werden, weil sie von vornherein schon multiperspektivischer sind, als Wilber dies wahrnehmen mag.

Es wäre darum besser, eine Gliederung von Heideggers Existenzanalyse zu übernehmen und zwischen Dasein, Vorhandenem, Zuhandenem und Sein zu unterscheiden. Denn hier wird nicht strikt getrennt, sondern in der Überwindung des „tertium non datur" geht das eine in das andere über. Dabei gilt: Das Dasein hat es in seinem unmittelbaren „In-der-Welt-sein" einerseits mit dem Mitsein mit anderem Dasein zu tun und andererseits mit Zuhandenem. Letzteres sind die alltäglichen Dinge, die seine Welt ausmachen bzw. um die es sich zusammen mit anderem Dasein unmittelbar sorgt. Sorge ist dabei gerade der intentionale Bezug des Daseins zur Welt, der es von vornherein mit der Welt verknüpft. Dadurch sind die alltäglichen zuhandenen Dinge keine Objekte, die getrennt vom Dasein existieren, sondern Teile der Welt des Daseins. Auch stehen diese zuhandenen Dinge in einem unauflösbaren Verweisungszusammenhang untereinander. Das bedeutet, dass Anwesendes immer auf Abwesendes verweist. Jede Handlung mit zuhandenen Dingen kann erst daraus verstanden werden, dass sich das Dasein im „Hier und Jetzt" für etwas entscheidet und anderes gleichzeitig lässt, das es auch hätte tun können. So verweist für das Dasein z. B. ein Hammer auf Nägel, die man damit in ein Brett einschlagen kann. Aber damit hat sich das Dasein auch entschieden, keine Bohrmaschine und Schrauben mit Dübeln zu verwenden. Dies alles wird durch die sogenannte Sorge strukturiert.

Sorge ist damit die grundsätzliche Seinsart des Daseins. Ohne sich explizit Gedanken zu machen, agiert das Dasein mit den zuhandenen Dingen in seinem intuitiven Wissen. Erst wenn hier Probleme auftreten, macht es sich explizite Gedanken zu diesen Dingen und konzipiert ein vergegenständlichtes, objektiviertes Wissen dazu, das grundsätzliche Trennungen schafft und damit die berühmte Subjekt-

Objekt-Trennung eröffnet. Da wissenschaftliches Denken allgemein durch diese Trennung definiert wird, beschäftigt es sich von vornherein nur mit vorhandenem Seiendem und nicht mit intuitiv gewusstem, miteinander verbundenem Zuhandenem. Allerdings übersieht wissenschaftliches Denken gerne, dass, von der Existenz aus betrachtet, Vorhandenes aus Zuhandenem entspringt.[106]

Sein im Sinne des Seins des Ganzen umfasst nun – wie schon oben beschrieben – den gesamten Kontext von Dasein, Zuhandenem und Vorhandenem. Allerdings bildet es nicht die Summe dieser Einheiten. Es ist nicht als Holon oder hierarchisch oberstes Glied zu sehen, sondern bildet den bedingenden Horizont dieser Einheiten. Für das Dasein heißt das: Es kann das Sein nie erreichen, obwohl es ohne dieses Sein keine Existenz hätte und natürlich auch das gesamte andere Seiende nicht existieren würde. Wie beschrieben, kann das Dasein sich nur im *Seinlassen* bereit dafür machen, die Unverborgenheit des Seienden – egal ob dies Zuhandenes oder anderes Dasein ist – wahrzunehmen. Dabei entzieht sich aber gerade immer das Sein. Behandelt Dasein Seiendes als Vorhandenes, ist dieses *Seinlassen* grundsätzlich nicht möglich, weil es dabei versucht, sich des Seins zu bemächtigen. Es kommt so also nicht in die Offenheit des Ereignisses.

Man muss Wilber nun leider vorwerfen, dass er in seinen Schriften Probleme hat, zu dieser Offenheit vorzudringen. Begründet ist dies darin, dass er durch seine Trennung in eine absolute und eine relative Wahrheit dualistisch vorgeht. So sammelt er einerseits in seinen Quadranten nur Vorhandenes, auch phänomenologisches Wissen wird hier sogar nur zu Vorhandenem. Das heißt auf diese Weise behandelt er Seiendes als vergegenständlichtes, voneinander getrenntes Wissen. Hier agiert er gemäß seiner relativen Wahrheit. Andererseits betont er, dass es transpersonale

Zustände und ebensolche Ebenen gibt. Hier gilt die absolute Wahrheit, die grundsätzlich von der relativen Wahrheit geschieden werden muss. Was Wilber dabei fehlt, ist, eine Verbindung zwischen diesen zwei Wahrheiten zu schaffen, etwas was Heidegger mit seinem Konzept adäquater beschreibt. Denn der macht darauf aufmerksam, dass im Geschehen des Ereignisses im „Hier und Jetzt" Wahrheit in einer ursprünglichen Welt und Zeit begründet wird.

2.3.2 Wilbers integrale Theorie der Kunst

Ein sehr anschauliches Beispiel für Wilbers dualistische bzw. trennende Sichtweise ist seine integrale Theorie der Kunst, die er in seinem Buch *Das Wahre, Schöne, Gute* formuliert. Denn er beschreibt hier einerseits gemäß seinem Holon-Konzept eine Kunsttheorie unter Berücksichtigung der Postmoderne. Hier sammelt er eifrig vorhandenes Wissen. So bespricht er u. a. die Abbildtheorie, die besagt, dass Kunst die Wirklichkeit imitiert (*Das Wahre.* S. 163 f.), oder die Ausdruckstheorie, die davon handelt, dass Kunst der Ausdruck der inneren Wirklichkeit des Künstlers ist (*Das Wahre.* S. 165 ff.), und integriert diese Ansichten in seine eigene Theorie. In dieser eigenen Theorie geht er gemäß seiner hierarchischen Entwicklungsvorstellung davon aus, dass mit einem sogenannten „Urholon", das für eine ursprüngliche künstlerische (innere oder äußere) Wahrnehmung steht, der künstlerische Prozess seinen Anfang nimmt.[107]

Andererseits stellt er sehr anschaulich dar, was Kunst letztlich ist, nämlich die Möglichkeit, in einen transpersonalen Zustand zu kommen, in dem man die Grenzen seines Egos überschreitet (*Das Wahre.* S 204 ff.). Dass man für Letzteres aber – wie Heidegger nahebringt – das *Sein las-*

sen muss, im Offensein für das Ereignis, verdeckt er. Kurz: Es gibt eine nicht überwindbare Kluft zwischen dem Sammeln von vorhandenem Wissen in seinem auf Holons aufgebautem Konzept auf der einen Seite und einem transpersonalen Zustand auf der anderen Seite.

Zwar formuliert er hier sogar einen Übergang, dass nämlich seine keinen Kontext bevorzugende und alles integrierende Theorie dazu einlädt,

„stets für neue Horizonte offen zu sein, die unseren eigenen Horizont erweitern und uns aus der Enge unserer Lieblingsideologie und dem Gefängnis unserer isolierten Selbst befreien." (*Das Wahre*. S. 204)

Aber damit verbleibt er in der Theorie eines vorhandenen Wissens. Denn was er hier beschreibt, ist eine Möglichkeit, immer wieder weitere gültige Interpretationen eines Kunstwerks an bisherige gültige Interpretationen anzuhängen. Damit hat er aber nur die Möglichkeit dargestellt, die theoretische Enge des isolierten Selbst zu überwinden. Das bedeutet: So kann man nur ein vergegenständlichtes Wissen durch ein anderes ersetzen, aber nicht einen transpersonalen Zustand erreichen. Denn das *Seinlassen* als Bereitsein für einen transpersonalen Zustand hängt mit einem anderen Seins- und Zeitkonzept zusammen, das nicht vorhandenes Wissen sammelt und nicht bei einer Interpretation stehen bleibt. Stattdessen begibt sich dieses *Seinlassen* in die Offenheit des Ereignisses und so in eine ursprüngliche Welt und Zeit.

Leider sieht Wilber das nicht. Er hat hier einen blinden Fleck. Symptomatisch ist dafür seine Heideggerkritik bei dieser Theorie. Dabei geht es um Heideggers Auseinandersetzung mit dem 1886 entstandenen Gemälde „Schuhe" von Vincent van Gogh in der Schrift *Der Ursprung des Kunstwerkes*. Daran beanstandet Wilber, dass Heidegger wichtige biografische Daten van Goghs nicht berücksichtigt. Wilbers Kritik ist dabei nicht originär, er folgt der Sekundärliteratur, namentlich dem amerikanischen Kunsthistoriker Meyer Schapiro.[108] Darüber hinaus vereinfacht er dessen Kritik sogar noch in entstellender Weise. So hatte Schapiro moniert, dass Heidegger die von van Gogh dargestellten Schuhe, ohne irgendwelche konkreten Belege anzuführen, als die einer damaligen Bäuerin situiert. Das stimme aber nicht, vielmehr würden die abgebildeten Schuhe dem Maler selbst gehören. Heidegger hätte darum durch diese falsche Zuschreibung der Schuhe einen nicht nachvollziehbaren Bezug aufgebaut[109], der in keiner Weise seine zum Ursprung des Kunstwerks abzielende Untersuchung stützt. Schapiro interpretiert diese Schuhe stattdessen als Ausdruck des Selbst des Malers[110] und gibt dafür mehrere Quellen an. Wilber übernimmt davon nur eine. Er geht anhand der Angaben von van Goghs Künstlerfreund Gauguin davon aus, dass die abgebildeten Schuhe eine wichtige biografische Bedeutung für den Maler hätten. Sie stellten „symbolische Überbleibsel einer persönlichen Pilgerreise dar" (Batchen. S. 25), in deren Umfeld van Gogh einen scheinbar aussichtslos verletzten Bergarbeiter nach einem Unfall gesund gepflegt habe. Und gerade das solle in diesem Gemälde ausgedrückt werden.

Jedoch ist die Zuordnung dieser Schuhe nicht so einfach. Denn van Gogh malte einige Gemälde mit Schuhen. Die von Gauguin erwähnten Schuhe stehen jedenfalls „nicht in direkter Verbindung zu den *Schuhen*" (ebd.) auf dem Gemälde von 1886, wie Batchen das vorsichtig ausdrückt. Gerade dieses Bild aber identifiziert Heidegger auf Schapiros Anfrage in einem Brief vom 6. Mai 1965 als das

Kunstwerk, auf das er sich in seinem Aufsatz bezogen hat (ebd. S. 23).

Schapiro gibt darum noch eine andere Quelle an, die die hier abgebildeten Schuhe zwar auch als Eigentum von van Gogh ausweisen, aber ohne den symbolisch aufgeladenen Hintergrund. Von ihnen ist nur bekannt, dass der Maler sie auf einem Flohmarkt kaufte und in schmutzigem Zustand malte, weil er sie so als interessanteres Sujet ansah (ebd. S. 13). Wilber erwähnt die Zuordnungsfrage in seinem Haupttext gar nicht. In einer Fußnote geht er nur sehr kurz darauf ein und hält sie für seine Abhandlung für irrelevant. Denn Heidegger habe darüber hinaus erwähnt, dass seine Argumente auch auf die anderen Gemälde van Goghs mit Schuhen übertragen werden können (*Das Wahre.* S. 436/Anm. 2).

Dieser Hinweis Heideggers aber bedeutet, auch wenn Wilber das nicht sieht: Heidegger macht klar, dass es ihm in seinem Aufsatz gar nicht um die biografisch festzumachende Situierung eines Kunstwerks geht. Die Zuschreibung der Schuhe als das Eigentum einer Bäuerin baut darum einen zuhandenen, aber keinen vorhandenen biografischen Kontext auf. Ein biografischer Kontext ist ihm nebensächlich. Ihm geht es um etwas Wesentlicheres. Dies kann man durchaus kritisieren. Aber nicht so, wie Wilber dies tut, der auf seine verkürzende biografische Interpretation beharrt. Denn Wilber zitiert z. B. ausgiebig Heideggers Bildbeschreibung (*Das Wahre.* S. 187 f.) und wirft ihm anschließend anhand von Gauguins Aussagen eine falsche Zuordnung und falsch daraus gezogene Schlussfolgerungen vor. Warum jedoch sollte Heidegger auf diese Aussagen eingehen, selbst wenn er sie gewusst hätte? Denn sie stehen in keiner direkten Verbindung mit dem von ihm beschriebenem Gemälde. Und dass Heidegger seine Argumente auch für andere Gemälde für zutreffend hält, wodurch sich Wilber in seiner Kritik gestützt sieht, hat eben damit zu tun, dass für Heidegger biografische Daten unbedeutend sind.

Wie Heideggers Vorgehen dennoch sehr differenziert kritisiert werden kann, führt gerade der von Wilber abschätzig behandelte Derrida vor.[111] Derrida stellt aber auch dar, dass der Vorwurf an Heidegger, „als habe der Philosoph das Bild nicht genau genug studiert" (*Batchen*. S. 23), genauso an Schapiro weitergegeben werden muss. Denn statt das Gemälde genau zu betrachten und zu bemerken, dass es mehrdeutig ist, zitiert auch Schapiro nur Aussagen anderer dazu. So sieht er (genauso wenig wie Heidegger), dass bei dem 1886 gemalten Kunstwerk nicht einmal klar ist, ob es sich überhaupt bei der Abbildung um ein *Paar* Schuhe und nicht um zwei *einzelne* Schuhe handelt, womöglich sogar um zwei linke (*Batchen*. S. 37 f.). Und diese Kritik Derridas an Schapiro gilt noch in viel stärkerem Maße für Wilber, der Schapiros Ausführungen entstellend verkürzt. So beschreibt Wilber z. B. das Gemälde, auf das sich Gauguin bezieht, gar nicht, bzw. er macht in seinem Haupttext den falschen Eindruck, als wäre es mit dem von Heidegger beschriebenen Gemälde identisch.

Jedoch zurück zu Heidegger: Ob der tatsächlich mit seinem Vorgehen zum *Seinlassen* vorstößt, ist die große Frage. Allerdings muss man hier unterscheiden. Dass Heidegger Fehler macht, wie in seiner falschen Zuschreibung der Schuhe, ist nicht zentral. Denn ihm geht es ja gerade um eine nicht dualistische Wahrheit, und das beinhaltet paradoxerweise, dass Fehler nicht ausgeschlossen sind. Würde er diese ausschließen, befände er sich innerhalb einer dualistischen Wahrheit und damit innerhalb des „tertium non datur". Aber Fehlermachen führt natürlich in keiner Weise automatisch zum *Seinlassen*. Darum ist die damit gestellte

Frage noch nicht beantwortet. Für mich gibt es darauf auch keine einfache Antwort. Ich möchte deswegen nur darauf verweisen, dass sich in Derridas Aufsatz viel Material für ein Für und Wider finden lässt.[112]

Wilber verkennt dies aber leider grundsätzlich. Denn seine theoretischen Vorgaben machen ihn dafür blind. Er bleibt hier im Rahmen einer dualistischen Wahrheit und kann keinen Bezug zum Sein schaffen.

2.3.3 Das absichtslose Wissen

Allerdings könnte Wilber erwidern, dass er sich nicht nur mit Theorien beschäftigt, sondern mit seiner „Integralen Lebenspraxis" (ILP) doch gerade den Bezug zumindest zur Praxis herstellt. Ist damit nicht auch der Bezug zum Sein oder zumindest zum Zuhandenen gegeben?

Hier muss man deutlich mit „Nein" antworten. Die Trennung in Theorie und Praxis ist etwas Nachträgliches und kommt erst mit der Einführung des Vorhandenen ins Spiel. Zu Zuhandenem oder gar zum Sein hat man ein ursprünglicheres bzw. ein intuitives Verhältnis. Hier geht es um eine Art von *absichtslosem* Wissen, etwas, das auch das Phänomen besser beschreibt, das Wilber mit seinem zentralen Begriff „Interpretation" in den Griff bekommen will.

Was soll man aber unter „absichtslosem Wissen" verstehen?

Zuerst einmal ist dieses Wissen unlösbar mit einer Fähigkeit verbunden. Ich habe dies in meinem Buch *Gut- und Bösesein* ausführlich anhand des Klavierspielens zu erklären versucht.[113] Aber es ist nicht auf Künste oder sonst irgendeinen Bereich beschränkt, sondern gilt für jede x-beliebige Fähigkeit, ob das Gehen, Essen, Putzen etc. ist. Zum anderen ist entscheidend, dass diese Fähigkeit absichtslos ausgeführt wird, also nicht zielorientiert, im Endeffekt sogar ohne sich dabei überhaupt Gedanken zu machen. D. h. es ist hier wichtig, einfach im „Hier und Jetzt" zu sein.

Ich möchte das hier kurz am Autofahrenlernen durchspielen.

Normalerweise würde man hier Theorie und Praxis unterscheiden, also einerseits Anleitungen und Hinweise z. B. von einem Fahrlehrer, andererseits ihre Ausführung bei den ersten Fahrstunden. Beides spielt auch eine Rolle, wenn man dieses Wissen nachträglich hinterfragt. Dies tut man natürlich auch bei jeder Interpretation. Aber dies ist nicht das absichtslose Wissen, das beim Autofahren, beim Akt des Tuns, selbst zum Vorschein kommt. Hier tut nämlich jemand nur einfach etwas und interpretiert und beurteilt es nicht gleichzeitig. Gerade wenn es brenzlig wird, wird dies am augenfälligsten: Z. B. wenn man im Straßenverkehr bei hohen Geschwindigkeiten oder widrigen Wetterverhältnissen nahe an einem Unfall ist, kann man gar nicht so schnell denken, wie man reagieren muss. Hier verliert man jede bewusste Zielvorstellung, wie dass man von Punkt A nach Punkt B fahren will etc. D. h. man ist hier nur noch im „Hier und Jetzt", und die jeweiligen Fähigkeiten, die man hat, werden hier intuitiv und absichtslos, d. h. ohne zu denken, ausgeführt. Gedanken und Interpretationen dazu stören nur, gerade wenn es darauf ankommt. Das klingt am Anfang absurd. Es zeichnet aber gerade jemanden aus, der eine Fähigkeit wie das Autofahren gut beherrscht, dass er sein Tun nicht mit den Interpretationen davon verwechselt. Und dieses Nichtinterpretieren macht das Absichtslose bei dieser Fähigkeit aus.

Darüber hinaus ist wichtig zu erkennen, dass jede Ausübung einer Fähigkeit auch eine dieser Fähigkeit gemäße Wahrnehmungsart ausbildet. D. h. Wahrnehmen und Handeln gehören untrennbar zusammen. Z. B. lernen Autofahrer, auf Motorengeräusche zu hören, oder Ärzte bilden eine besondere Art des Sehens von Röntgenbildern aus.[114] Dies ist eine Wahrnehmungssache, keine Interpretationssache. Denn im Gegensatz zum Interpretieren urteilt man dabei paradoxerweise nicht – zumindest wenn man etwas gut beherrscht. Das hat auch nichts mit (falscher) Bescheidenheit zu tun, sondern damit, dass man beim Tun ganz im „Hier und Jetzt" ist und nicht (mit den Gedanken) ganz woanders. Man weiß im eigentlichen Sinne gar nicht, was man tut. Man tut es einfach. Man ist dabei im besten Fall leer und tut einfach, was in der gegebenen Situation nötig ist. Das hat auch im Normalfall gar nichts mit Mystik zu tun, sondern wird – wie gesagt – von jedem von uns bei brenzligen Situationen nicht nur so vollführt, sondern auch so erfahren. Nur können wir das nachträglich nicht so sein lassen, sodass wir es dann interpretieren. Dabei hat eine solche Interpretation natürlich auch Sinn. Sie kann als Orientierungshilfe bzw. als Landkarte dafür dienen, damit andere an diese Fähigkeiten herangeführt werden. Aber mehr Bedeutung sollte man ihr nicht zuweisen. Das Entscheidende ist das absichtslose Wissen. Dies kann eine Interpretation niemals ersetzen und auch nicht bestimmen.

Konsequenzen müssten darum sein, dass man die Bedeutung der Interpretation nicht so stark priorisiert, wie Wilber dies tut. Aber nicht nur diese Priorisierung, sondern auch die von holarchischen Entwicklungen in Form von Ebenen im Gegensatz zu Zuständen und Linien müsste man zurücknehmen.[115] Denn diese werden auch nur von Interpretationen und nicht von absichtslosem Wissen gestützt.

2.3.4 Ergebnisse der EGO-State-Therapie

Es gibt nämlich auch andere Landkarten bzw. Orientierungshilfen, die vielleicht manches besser erklären als Wilbers Landkarten. Hier denke ich z. B. an die Ergebnisse der Traumatherapie/EGO-State-Therapie,[116] die sehr gute Aufschlüsse über die Bewusstseinsentwicklung eines Menschen geben, aber nicht mit Wilbers bisherigem Konzept und seinen Priorisierungen vereinbar sind.

Danach geht die Entwicklung eines Menschen nach gewissen Schwerpunkten vor sich und hat keine eindeutige evolutionäre Richtung. So bilden sich danach bei entscheidenden (oftmals auch ähnlich wiederkehrenden) Situationen sogenannte Ich-Zustände. Und ein einmal gebildeter Ich-Zustand kann sich später nicht mehr auflösen, sondern er kann nur weiterentwickelt werden. D. h. man kann bei Erwachsenen immer noch in der Kindheit geprägte Ich-Zustände wahrnehmen, aber selbstverständlich auch später geprägte Zustände. Jeder von uns wechselt darum in seinem Wachzustand immer zwischen den vielen Ich-Zuständen hin und her, die sich während seiner Entwicklung gebildet haben. Ein solcher Ich-Zustand ist dabei nicht mit Wilbers Zuständen gleichzusetzen, sondern er vereinigt in sich etwas von dem, was Wilber mit Ebenen, Zuständen und Linien meint. Insgesamt ist ein solcher Ich-Zustand mehr oder weniger das Produkt, wie jemand in seiner Umgebung gelernt hat, sich bei einer bestimmten entscheidenden (teilweise auch wiederkehrenden) Situation zu verhalten. Das können bei Schieflagen in der Umgebung auch traumatische Ich-Zustände sein. Ein Mensch greift dabei auf so einen Ich-Zustand immer wieder zurück, wenn er durch gewisse Auslösereize meint, wieder in dieser Situation zu sein, in der sich ein solcher Ich-Zustand gebildet hat. So sind Entwicklungen innerhalb dieser Ich-

Zustände oft sehr marginal. Eine neue Entwicklung führt meist zu einem neuen Ich-Zustand. Aber man fällt bei gewissen Auslösereizen wieder in früher gebildete Ich-Zustände zurück. Der Rückgriff geschieht dabei nicht bewusst. Zustände verschiedener Entwicklungsstadien existieren damit nebeneinander und kommen je nach Situation immer wieder zum Tragen.

Dabei ist wichtig zu sehen: Die Bildung eines neuen Ich-Zustands kann zwar Fähigkeiten mit sich bringen, die laut Wilber für die Bildung einer neuen Ebene sprechen. Das muss aber nicht sein. Dazu fällt ein Mensch durch seine anderen Ich-Zustände, die im Laufe der Zeit zum Tragen kommen, immer wieder in zeitlich früher gebildete Zustände zurück. Ein Wechsel kann dabei im Minutentakt stattfinden. Das bedeutet: Man durchläuft während eines Tages meist viele Ich-Zustände. Für die Realität eines Menschen nach der EGO-State-Therapie heißt das: Ein Mensch ist während eines bestimmten Ich-Zustands auf der weltzentrischen Ebene, während des anderen aber auf der Ebene des begrifflichen Selbst oder auf Zwischenebenen etc. D. h. je nach Situation können wir in unserem Alltag in sehr verschiedenen Ebenen oder Zwischenebenen verbringen. Die allgemeine Angabe einer Ebene, in der sich ein Mensch gerade befindet, wird dadurch noch viel komplexer.

Ich möchte mit den Ausführungen zu diesen Ich-Zuständen jedoch nicht falsch verstanden werden. Für mich ist diese Sichtweise wohlgemerkt auch nur eine Orientierungshilfe. Ich hätte auch andere Orientierungshilfen besprechen können (z. B. Jed McKennas „spirituelle Autolyse"[117], D. T. Suzukis Ausführungen zu Zen[118] oder Thomas Metzingers „Egotunnel"[119]). Kurz: Die EGO-State-Therapie darf beileibe nicht mit der Wirklichkeit verwechselt werden. Sie hat Stärken und Schwächen.[120]

Aber sie zeigt vor allem, dass es nicht so einfach ist, ein lineares evolutionäres Entwicklungskonzept für das menschliche Bewusstsein als gegeben anzusehen. Die Wirklichkeit ist komplexer.

3. Schluss

> „Die Wahrheit geht viel
> leichter aus einem Irrtum als
> aus der Verwirrung hervor."[121]

Jetzt bin ich vor allem im zweiten Teil meiner Arbeit ziemlich kritisch mit Wilbers Werk umgegangen. Ich hoffe dadurch, keinen falschen Eindruck erweckt zu haben. Denn ich habe viel von Wilber gelernt und bin ihm dafür sehr dankbar. Sieht man sein Konzept als eine Landkarte, um in unserer Welt besser zurechtzukommen, bietet sie eine sehr differenzierte Orientierungshilfe. Vor allem gilt dafür der als Motto dieses Teils vorangestellte Satz von Bacon: „Die Wahrheit geht viel leichter aus einem Irrtum als aus der Verwirrung hervor."

D. h. ich stelle mich in keiner Weise grundsätzlich gegen Wilbers Konzept. Dafür habe ich einerseits schon kein determinierendes Faktum, andererseits erklärt Wilbers Konzept in vieler Hinsicht sehr gut das Leben auf dieser Welt.

Es ist nur so, dass man erstens mehr betonen sollte, dass es eine Orientierungshilfe ist. Zweitens wäre es gut, die Trennungen dieses Konzepts in offene Unterscheidungen zu überführen. Das hätte dann die Konsequenz, dass man die „AQAL-Matrix" keineswegs absolut sieht. Denn die „AQAL-Matrix" trennt in ihrem Erklärungsversuch etwas, was insgesamt verbunden ist.

So gibt Wilbers holarchische Ebenensicht zwar einerseits eine gute Differenzierungsbasis für die ungleichen Arten von Menschen mit ihren verschiedenen Bewusstseinsstufen, die im „In-der-Welt-Sein" wahrzunehmen sind. Denn natürlich sind z. B. nicht alle Menschen gleich. Es gibt hier große Unterschiede, und Wilber bietet dafür eine gute Orientierungshilfe an. Aber er hat hier auch große blinde Flecken, die mit seinen strikten Trennungen zu tun haben. Z. B. ist im Endeffekt nicht definitiv zu belegen, wenn jemand nun in einer bestimmten Ebene, z. B. der weltzentrischen, oder nur in dem äquivalenten Zustand lebt. Ähnliches gilt, ob jemand nur in *einer* Entwicklungslinie auf einer hohen Ebene ist, insgesamt aber noch nicht so weit ist. Für all dies gibt es kein determinierendes Faktum. Darum könnte man, wie z. B. die EGO-State-Therapie zeigt, auch ein grundsätzlich anderes Konzept annehmen.

Wilber müsste sogar nach seinem eigenen Überprüfungsschema zugeben, dass nur die Gemeinschaft aller der in dieser Ebene befindlichen Menschen entscheiden könnte, was hier wahr ist, und nicht einer allein. Mit Kripkes Wittgensteindeutung kann man hier hinzusetzen: Dies entscheidet sich darin, ob jemand in der Lebensform dieser Ebene mit den anderen die gleichen Kriterien ansetzt und mit ihnen übereinstimmt. Dies geschieht meist implizit bzw. spontan und nicht explizit. D. h. ein Außenstehender versteht vieles einfach nicht, was die Menschen dieser Ebene kommunizieren, bzw. er versteht es falsch. Oder noch deutlicher ausgedrückt: Dieser Außenstehende kann mit den Menschen in dieser Ebene im Grunde genommen gar nicht kommunizieren. Dafür gibt ja auch Wilber Beispiele.[122] Jedoch schreibt er dieses Nichtverstehen nur anderen zu und merkt nicht, dass er z. B. durch seine Einordnungen von Heidegger in *Grün* vielleicht selbst einfach (bisher) nicht versteht, wovon dieser Philosoph überhaupt spricht. Gerade bei Heidegger kann man nämlich sehr deutlich Hinweise erkennen, dass er sowohl das „tertium non datur" überwindet als auch transpersonal denkt. Und dass Wilber das „tertium non datur" überwindet, obwohl er das für sich implizit proklamiert, dafür habe ich in meiner

Arbeit viele Zweifel gefunden. Das bedeutet: Vielleicht kann Wilber Heidegger darum einfach nicht verstehen, und seine Einordnung Heideggers in *Grün* ist darauf zurückzuführen. Kurz: Es können blinde Flecken einfach nicht ausgeschlossen werden, und darum sollte man mit Einordnungen in Ebenen etc. sehr vorsichtig sein. Eine holarchische Ebenensicht kann einfach nur eine Orientierungshilfe sein, aber sie erklärt keine definitiven Sachverhalte. Es kann alles auch ganz anders sein. So geht Wilber z. B. in seiner Kategorisierung, was Erleuchtung ist und wie sich das im Laufe der Zeit ändert, viel zu weit. Hier gibt er der Bedeutung, die er der Interpretation zukommen lässt, viel zu viel Gewicht. Er setzt sie deutlich als determinierendes Faktum ein. Gerade bei einem Phänomen wie Erleuchtung sollte man aber sehr vorsichtig sein, dafür Kategorisierungen einzuführen. Gerade weil hier das, was ich *absichtsloses Wissen* genannt habe, eine große Rolle spielt. Den historischen Gautama Buddha darum als nicht so erleuchtet wie einen heute lebenden Meditierenden zu sehen, weil seine zeitlose Leere in der Meditation mit einer anderen Sozialisation der Form zusammenhängt, trennt viel zu stark. Jedoch trifft Wilber natürlich einen wunden Punkt, indem er sehr anschaulich herausstellt, wie unterschiedlich Menschen transpersonale Zustände nachträglich interpretieren. Aber die Lösung ist nicht, bestimmte Interpretationen zu verdammen. Denn wer bestimmt dafür den Maßstab? Gerade Wilber hat mit seinen Einordnungen von Philosophen wie Heidegger in bestimmte Ebenen und Zonen gezeigt, dass er dabei ziemlich willkürlich verfährt. Darum sollte er nicht Definitionen für etwas noch viel Komplizierteres, nämlich für Erleuchtung, geben. Man sollte sich darum von Interpretationen – soweit das geht – überhaupt frei machen und mehr absichtsloses Wissen pflegen.

Aber es scheint fast schon wieder, ich kritisiere Wilber zu stark. Darum möchte ich betonen, dass ich ihm mit seiner Warnung vor den postmodernen Auswüchsen in *Grün* in vieler Hinsicht recht gebe. Oder anders ausgedrückt: Die große Gefahr bei der Abkehr von determinierenden Fakten ist, dass dieser Umstand die Betreffenden in Verwirrung stürzt. Dem ist auf die Weise zu entgegnen, dass man die ständige Möglichkeit von blinden Flecken nicht damit verwechselt, alles als relativ zu behandeln. Bei meiner Erklärung der Erkenntnistheorie von Kripkes Wittgensteindeutung habe ich ja auch nicht von ungefähr zwischen hinterfragten und nicht hinterfragten Bedeutungen unterschieden. Das impliziert nämlich auch, dass es immer eine Basis gibt, die nicht relativ ist. Auch wenn diese Basis offen bleibt und sich ständig ändern kann. Bei Heideggers transpersonaler Ansicht heißt das, das Sein bildet immer den Horizont für das Seiende, obwohl es selbst nie explizit zum Vorschein kommt, sondern sich entzieht. D. h. das Sein selbst kann nie bestimmt werden, obwohl es immer die Basis bildet. Erst wenn man dies akzeptiert, kann man überhaupt ins Ereignis und damit in die Transpersonalität gelangen. Erst dann tritt man nach Heidegger in eine Zeit ein, in der die Wahrheit des Seienden offenbar wird.

Hier wäre es darum gut, wenn man das auf Wilbers Konzept überträgt und seine Trennungen in offene Unterscheidungen umwandelt.

Das gilt – wie eben behandelt – sowohl für Ebenen, Zustände und Linien sowie ihre Beziehungen zueinander als auch für Typen und Quadranten. Auch bei Letzteren gibt es keine strikten Trennungen. Wiederum muss man konstatieren: Wilber gibt mit seinem Konzept gute Orientierungshilfen, z. B. mit den Myers-Briggs-Typisierungen oder der Quadranten- und Zoneneinteilung. Aber wiederum hat er dafür keine determinierenden Fakten zur Verfügung, die dies belegen. So ist es gut, sich über seinen eigenen Typ unter Zuhilfenahme von verschiedenen Modellen Gedanken zu machen, und es ist natürlich auch wichtig, einseitige Perspektiven zu vermeiden. Aber Wilber trennt gerade bei Quadranten und Zonen wieder zu viel. Denn eindeutige Perspektiven bzw. Quadranten bzw. Zonen gibt es gar nicht. Diese werden von ihm erst künstlich erschaffen. Diesen Umstand sollte man sich bei seinem AQAL-Konzept immer vor Augen führen. Die letztendliche Wahrheit ist keine trennende und dualistische. Das zeigt sich nicht erst auf den transpersonalen Ebenen, sondern auf jeder Ebene. Auch wenn in den unteren Ebenen teilweise grobe Vereinfachungen geschehen.

Aber natürlich hat Wilber wiederum recht, dass sich bestimmte Ebenen durch bestimmte Priorisierungen von Perspektiven auszeichnen. So priorisiert die weltzentrische Ebene sehr deutlich den Es-Quadranten. Oder in postmodernen Theorien, also in *Grün*, wird meist der Wir-Quadrant priorisiert. Dies kann man gerade mit Wilbers Quadrantensichtweise gut veranschaulichen. Aber man sollte dies insgesamt nicht zu eng sehen.

Was für seine Theorie gilt, gilt auch für seine Praxis mit ILP. Offen damit umzugehen ist hier sehr wichtig. Spricht er hier z. B. davon, dass man sich die „AQAL-Matrix" als kognitives Modul auf sein Gehirn herunterladen soll, so hinkt diese Metapher sehr. Seine Konzepte, ob theoretisch oder praktisch, bleiben immer ein Angebot neben anderen. In vieler Hinsicht sieht er das auch selbst so, aber in einigen Punkten tut er des Guten zu viel.

Natürlich gilt darum auch für mein Buch: Es ist lediglich ein Angebot und eine Orientierungshilfe. Dabei bin ich mir bewusst, dass ich kein determinierendes Faktum für die Wahrheit meiner Aussagen habe. Kurz: Ich stütze mich nicht auf Wahrheits-, sondern nur auf Behauptbarkeitsbedingungen. Ich stelle mich damit einfach der Kommunikation und schaue, was dabei herauskommt. Leider stellt das „Wie" meiner Arbeit dies zu wenig dar. Ich schreibe zugegebenermaßen zu traditionell – etwas, was ich auch Wilber vorgeworfen habe. Aber hier ist mir keine andere Form gelungen, und statt zu experimentieren, wollte ich so verständlich wie möglich schreiben. Ob ich das zumindest geschafft habe, steht auf einem anderen Blatt. Denn auch dafür habe ich kein determinierendes Faktum.

Aber schon weil ich nicht mit einer Selbstbespiegelung enden möchte, kehre ich zum Schluss nochmals zu meinem Thema „Erkenne Ich und Selbst" zurück.

Ist in unserer alltäglichen Welt die Identifikation mit dem Ich bei uns das Normale, gibt Wilber viele Anhaltspunkte dafür, dass weder unser Leben damit beginnt, noch dass es so enden muss. Denn das Ich entwickelt sich erst nach der Geburt auf der Stufe des begrifflichen Selbst und kann spätestens ab der psychischen Stufe überstiegen werden. Es ist also keineswegs so, dass *Ichsein* zugleich *Menschsein* bedeutet. Die Identifikation mit dem Ich ist lediglich ein Entwicklungsstadium zwischen prärationalen und postrationalen Stufen. Das Ich ist dabei immer in ein umgreifendes Selbst eingebettet, das schon vorher auf den Ebenen des physischen und emotionalen Selbst existiert und das sich in den transpersonalen Ebenen vom Ich immer mehr löst. Das Entscheidende bei dieser Entwicklung ist, dass das Selbst sich immer bewusster wird.

Dabei ist es laut Heidegger so, dass die Trennung von Ich und Welt, die mit der Entstehung des Ich unlösbar verknüpft scheint, erst eine nachträgliche Interpretation ist. Ja, man könnte hier sogar sagen, dass der herkömmliche Ich-Begriff sogar eine nachträgliche Interpretation ist. Vortheoretisch als Dasein erfährt sich der Mensch auch in rationalen Stufen gar nicht getrennt von der Welt. Vielmehr ist er immer im „In-der-Welt-Sein" eingebettet.

Wenn jemand „ich" sagt, stellt er sich immer in einer Beziehung zu dieser Welt dar. Hier ist er im absichtslosen (impliziten) Wissen. Es gibt hier keine Trennung. Die wird erst künstlich nachträglich in Interpretationen eingeführt, jedoch mit einer Ausnahme: In einer Stimmung (und keiner Interpretation), nämlich der Angst, erfährt der Mensch, dass diese Beziehung von Ich und Welt endlich ist.

Es ist nun sehr wichtig, diesen Umstand zu akzeptieren. Denn dadurch, dass man bereit ist, sein Ich nicht wichtiger zu nehmen, als es ist, und die Endlichkeit des menschlichen Seins zu bejahen, kann man zur Transpersonalität vorstoßen. Hier erfährt das Selbst die Einheit mit dem Sein explizit. Auf der psychischen Stufe ist das die Einheit mit der Natur, auf der subtilen Stufe die mit Gott, auf der kausalen Stufe die mit dem formlosen Zeugen, und schließlich erfährt das Selbst auf der nondualen Stufe, dass es keinen Unterschied mehr zwischen Selbst und Sein gibt. Dabei zeigt Heidegger sehr gut, wie in der Transpersonalität die Zeit selbst als eine von der gewöhnlich vergegenständlichten und vorhandenen Zeit deutlich verschiedene erfahren wird. So tut sich hier eine scheinbar neue Welt auf, die aber vielmehr der Ursprung der reduzierten vorhandenen Welt ist.

Diese ursprüngliche Welt ist explizit nur dem bewussten Selbst zugänglich und nicht jemandem, der sich mit dem Ich identifiziert. Hier liegt die Erkenntnis, die diesem Buch zugrunde liegt, nämlich genau das zu berücksichtigen. Das bedeutet nämlich auch, einer herkömmlichen Bewusstseinsphilosophie, der Wilber noch anhängt, zu misstrauen. Denn sie schafft keine Überwindung des „tertium non datur". Aber diese Überwindung benötigt man, um diese Erkenntnis vollziehen zu können.

Anhang

Entsprechung der Ebenen nach numerischen und nach Farb-Unterscheidungen

	Numerische Unterscheidung	**Farb-Unterscheidung**
Tier 1 (kein Ebenenbewusstsein)	1. Physische Ebene	Infrarot
	2. Emotionale Ebene	Magenta
	3. Begriffliche Ebene (Geburt des Ichs)	Rot
	4. Soziozentrische Ebene	Bernstein
	5. Weltzentrische Ebene	Orange
Tier 2 (Ebenenbewusstsein)	6. Zentaurische Ebene (Schau-Logik)	A) Grün
		B) Petrol
		C) Türkis*
Tier 3 (Transpersonal)	7. Psychische Ebene**	Indigo**
	8. Subtile Ebene	Violett
	9. Kausale Ebene	Ultraviolett
	10. Nonduale Ebene	Klares Licht

* Bis zu Türkis hat sich bis jetzt auf der Erde eine Hauptstruktur ausgebildet. Jenseits davon sind bis jetzt laut Wilber nur wenige Tausend Menschen fortgeschritten (siehe Anm. 13).

** Bis zur psychischen Ebene bzw. bis zu Indigo hat sich auf der Erde bis jetzt laut Wilber zumindest eine Spur ausgebildet. Das Erreichen dieser Ebene ist deshalb für ihn in der Gegenwart zur Erleuchtung notwendig (siehe Anm. 40).

Anmerkungen

[1] Siehe dazu in meinem Punkt 2, in dem Heideggers Sein ausführlich besprochen wird. In jedem Fall steht der Begriff „Selbst" in meiner Verwendung nicht in der Tradition einer Bewusstseinstheorie in der Nachfolge Kants. Vielmehr sollte man sich folgende Aussage C. G. Jungs dafür als erste Orientierungshilfe vor Augen führen: „Wie man das *Selbst* immer definieren mag, so ist es etwas anderes als das Ich, und insofern eine höhere Einsicht vom Ich überleitet zum Selbst, so ist letzteres ein Umfänglicheres, welches die Erfahrung des Ich in sich schließt und dieses daher überragt. Gleichwie das *Ich* eine gewisse Erfahrung meiner selbst ist, so ist das *Selbst* eine Erfahrung meines Ich, welches aber nicht mehr in Form eines erweiterten oder höhern *Ich*, sondern in Form eines *Nicht-Ich* erlebt wird" (Jung, Carl Gustav: Geleitwort. In: Suzuki, Daisetz T.: Die große Befreiung. 6. Aufl. Weilheim/Obb. 1972. Aus dem Englischen von Felix Schottlaender. S. 15).

[2] Wilber, Ken: The spectrum of consciousness. Wheaton 1977 (deutsch: Das Spektrum des Bewusstseins. Bern u. a. 1987. Aus dem Amerikanischen von Jochen Eggert). Falls mir seine Bücher in deutschen Übersetzungen zugänglich waren, zitiere ich immer daraus.

[3] Habermas, Jürgen: Theorie des kommunikativen Handelns. 2 Bde. Frankfurt/Main 1988. Im Folgenden mit „Habermas 1988" abgekürzt. (Jede abgekürzte Literaturangabe ist im Übrigen in der Bibliografie nochmals in Klammern hinter der vollständigen Literaturangabe angegeben.)

[4] Gebser, Jean: Ursprung und Gegenwart. Gesamtausgabe Bde. 2–4. 2. Aufl. Schaffhausen 1999.

[5] Lovejoy, Arthur O.: Die große Kette der Wesen. Frankfurt/Main 1993. Aus dem Amerikanischen von Dieter Turck. Im Folgenden mit „Lovejoy" abgekürzt.

[6] Siehe dazu Habecker, Michael: Ken Wilber – die integrale (R)EVOLUTION. 2. überarbeitete und erweiterte Auflage. Frankfurt/Main 2007. S. 242 ff. Im Folgenden abgekürzt mit „Habecker".

[7] So verwirft er z. B. explizit gewisse Standpunkte aus der ersten Entwicklungsstufe ab „Wilber 2", wie die romantische Rückkehr zu einem Urzustand im Laufe des spirituellen Wachsens (siehe *Habecker*. S. 242). Dazu führt er ab der vierten Entwicklungsstufe sein im Folgenden beschriebenes AQAL-Schema ein, das in vieler Hinsicht ein griffiges Gesamtkonzept darstellt, das vorher nicht genau verbundene Untersuchungen in ein einheitliches Konzept fügt. Dieses Konzept erfährt ab „Wilber 5" allerdings noch wichtige Neuerungen, wie ich gerade in meiner Arbeit herausstellen werde.

[8] Siehe dazu Visser, Frank: Ken Wilber – Denker aus Passion. Petersberg 2002. Aus dem Niederländischen von Rolf Remers; und darüber hinaus vor allem *Habecker*.

[9] Diese hat er genauer in seinem bisherigen Hauptwerk *Eros, Kosmos, Logos* eingeführt (Wilber, Ken: Eros, Kosmos, Logos. 3. Aufl. Frankfurt/Main 2002. Aus dem Amerikanischen von Jochen Eggert. Die amerikanische Erstausgabe erschien zuerst 1995. Im Folgenden mit „EKL" abgekürzt).

[10] Koestler, Arthur: Das Gespenst in der Maschine. 2. Aufl. Wien u. a. 1968. Aus dem Englischen von Wolfram Wagmuth.

[11] Siehe dazu *Habecker*. S. 15 f.

[12] Die Trennung von Holarchie und Heterachie wird bei den fünf Kategorien allerdings nicht eindeutig durchgehalten, da es z. B. bei Zuständen sehr wohl niedrigere und höhere gibt. Siehe dazu im nächsten Unterpunkt unter (Bewusstseins-)Zustände sowie in Punkt 2 meiner Arbeit.

[13] In Kurzform sind diese Änderungen folgende: Wilber vertritt ab seinem Buch *Integrale Spiritualität* die Meinung, Ebenen seien keine platonischen Ideen, die unabhängig vom Menschen existieren und von diesem nur erreicht werden können. Stattdessen müssten Ebenen als „kosmische Gewohnheiten" von den Menschen erst erschaffen werden. Die Existenz von platonischen Ideen ist für Wilber darum nichts weiter als ein „Mythos des Gegebenen", den es aufzulösen gilt. Bis zu *Türkis*, der höchsten Teilebene der Schau-Logik, hat sich eine „kosmische Gewohnheit" als Hauptstruktur gebildet. Jenseits von *Türkis* gibt

es bis heute etwa nur ein paar Tausend Menschen, die die nachfolgenden Ebenen für sich und die Nachwelt erschaffen haben. Dabei nimmt die Zahl – je höher die Ebenen werden – immer mehr ab (siehe dazu *Integrale Spiritualität*. S. 333 f., und meinen Punkt 1.4). Wilber zieht aus diesem Standpunkt in „Wilber 5" die Konsequenz, dass er transpersonale Phänomene und damit Phänomene jenseits von *Türkis* nicht mehr auf der Ebenenstruktur, sondern auf der Zustandsstruktur beschreibt. Da Wilber aber vorher, d. h. in „Wilber 4", diese Phänomene bis jetzt am differenziertesten dargestellt hat, ist dies einer der heuristischen Hauptgründe, zuerst diese Fassung zu besprechen. Neben *EKL* werde ich dabei hauptsächlich sein Buch *Eine kurze Geschichte des Kosmos* zitieren (Frankfurt/Main 1997. Aus dem Amerikanischen von Stephan Schumacher. Im Folgenden abgekürzt mit „Kurze Geschichte"). Diese differenziertere Beschreibung der besagten Phänomene bzw. der Ebenen in diesen Werken ist auch der Grund, warum ich die numerische Auflistung und die Bezeichnungen der Ebenen aus dem Beginn der Phase „Wilber 4" beibehalte und die spätere Unterscheidung Wilbers in Farben ab Ende der 90er Jahre nur ergänzend anführe (siehe dazu weiter Anm. 18 und 40).

[14] In der deutschen Übersetzung wird der „absolute Geist" mit „GEIST", also in Großbuchstaben, umschrieben.

[15] Allerdings setzt sich Wilber in entscheidenden Punkten auch von dieser Vorstellung ab, was ich an geeigneter Stelle im weiteren Verlauf meiner Darstellung immer wieder einfließen lassen werde.

[16] Die Aussage „zehn bzw. zwölf" bezieht sich darauf, dass Wilber ab Ende der 90er Jahre diese Stufen nicht mehr numerisch, sondern mit Farben markiert. Dabei differenziert er die Stufe 6 in drei Farben. Das bedeutet, dass so zwei weitere Stufen entstehen (siehe dazu auch Anm. 13 und 18).

[17] Siehe dazu Mahler, Margaret u. a.: Die psychische Geburt des Menschen. Frankfurt/Main 1978. Aus dem Amerikanischen von Hilde Weller.

[18] Dieser Wechsel der Bezeichnungen ist auf Wilbers produktive Auseinandersetzung mit dem „Spiral Dynamics"-Modell von Clare Graves zurückzuführen (siehe dazu Beck, Don Edward u. a.: Spiral Dynamics – Leadership, Werte und Wandel: Eine Landkarte für das Business, Politik und Gesellschaft im 21. Jahrhundert. Bielefeld 2007. Aus dem Amerikanischen von Carl Polonyi). Für meine Arbeit bedeutet das: Ich gebe im jeweils letzten Absatz zu jeder Ebene die entsprechende Farbe an. Darüber hinaus führe ich im Anhang meines Buchs (S. 118) eine Tabelle auf, die die Übersetzung/Entsprechung der numerisch aufgelisteten Stufen in der Farbskala nochmals erklärt und erläutert.

[19] „Es ist innerlich und äußerlich eins und verschmolzen mit der ganzen vital-emotionalen Dimension des Seins. Es wird willenlos von den Strömungen seines vitalen Lebens mitgerissen, und es differenziert sich noch nicht gegenüber den ökologischen Strömungen des Daseins." (*Kurze Geschichte*. S. 215)

[20] Von Piaget „präoperationale Kognition" genannt. Siehe dazu: Piaget, Jean: Das moralische Urteil beim Kinde. Zürich 1954. Aus dem Französischen von Lucien Goldmann. Im Folgenden mit „Das moralische Urteil" abgekürzt.

[21] Genauer schreibt Wilber, dass die Menschen dieser Stufe „40 Prozent der Bevölkerung" auf der Erde ausmachen und „30 Prozent der Macht" besitzen (Wilber, Ken: Ganzheitlich handeln. Freiamt 2001. Aus dem Amerikanischen von Stephan Schumacher. S. 22. Im Folgenden mit „Ganzheitlich handeln" abgekürzt).

[22] Siehe dazu Goleman, Daniel: Emotionale Intelligenz. München 1997. Aus dem Amerikanischen von Friedrich Griese. Im Folgenden mit „Emotionale Intelligenz" abgekürzt.

[23] Broughton, John M: Critical theories of psychological development. New York u. a. 1987.

[24] Ich spare mir ab dieser Ebene, auf den dreiphasigen Prozess jeweils einzugehen, weil das Muster immer gleich bleibt.

[25] Siehe dazu z. B. *EKL*. S. 62 und S. 452, oder *Integrale Spiritualität*. S. 380.

[26] Ich komme im weiteren Verlauf meiner Arbeit darauf ausführlich zu sprechen, inwiefern Wilber mit der überspitzten Kritik an diesen Haltungen einen eigenen Widerspruch kaschiert. Denn er beschreibt nur sehr abstrakt, inwiefern aus dem Dilemma der Aperspektivität überhaupt noch ein begründbarer Maßstab folgen kann, etwas, was gerade Lyotard und Derrida in Frage stellen. Das führt dazu, dass er implizit in seinem Konzept auf viele Trennungen zurückgreifen muss und so Defizite dabei hat, die trennende aristotelische Logik tatsächlich zu überwinden. Dieser nicht gelöste Konflikt wird in seiner widersprüchlichen Entwicklung von „Wilber 4" zu „Wilber 5" immer markanter. Zwar integriert er hier immer mehr Kritikpunkte seiner postmodernen Gegner in sein Konzept, aber trotzdem attackiert er diese Gegner auch immer mehr.

[27] In *Integraler Spiritualität* wird „Petrol" im Übrigen zwar in der Grafik auf S. 96 benannt, in der Beschreibung auf S. 351 aber nicht. Erst in seinem mit Terry Patten u. a. geschriebenen Buch *Integral Life Practice* (Boston u. a. 2008. Im Folgenden mit „ILP" abgekürzt) wird sie S. 95 f. auch beschrieben.

[28] Der Begriff „Tier" hat hier nichts mit der deutschen Bedeutung zu tun, sondern steht im Englischen ursprünglich für „Rang" oder „Reihe" und wird auch anders ausgesprochen (siehe Messinger, Heinz, und Rüdenberg, Werner: Langenscheidts Großes Schulwörterbuch Englisch – Deutsch. 7. Aufl. Berlin u. a. 1982. S. 1253 f.). Dabei meint Wilber mit „Tier" so viel wie „Ebenenklasse", und er unterteilt mithilfe dieses Begriffs alle Ebenen in 3 übergeordnete *Tiers*. Diese Kategorisierung macht er allerdings wiederum erst ab Ende der 90er Jahre. Ich komme darauf im weiteren Verlauf meiner Arbeit noch mehrfach zurück.

[29] Allerdings führt Wilber mit *Türkis* – wie oben angedeutet – eine Art verbindendes Glied zwischen Schau-Logik und psychischer Ebene ein.

[30] Bzw. Emerson, Ralph Waldo: Selected Prose and Poetry. 2. Aufl. Hrsg. v. Reginald Cook. San Francisco 1969. S. 12 f., 97.

[31] In *Kurze Geschichte* beschreibt Wilber die subtile Ebene folgendermaßen: „,Subtil' bezeichnet einfach Prozesse, die subtiler sind als das grobe, gewöhnliche Wachbewußtsein. Hierzu zählen innere Licht- und Klangerfahrungen, archetypische Formen und Muster [...], erweiterte affektive Zustände der Liebe und des Mitleids sowie subtilere pathologische Zustände, die man nur als kósmischen Schrecken, kósmisches Böses oder kósmisches Grauen bezeichnen kann. [...] Diesen allgemeinen Typus von Mystik nennt man *Gottheitsmystik*, weil es hier um die eigene archetypische Form, die Vereinigung von Gott oder der Göttin [...] geht. Diese Einigung oder Verschmelzung mit der Gottheit – Einssein mit Gott, wie immer man es nennen will – ist [...] nicht [...] einfach eine Vereinigung mit der grobstofflichen oder natürlichen Welt [...], sondern eine tiefere Vereinigung mit den subtileren Dimensionen des Symbhogakāya, dem inneren ‚Körper des Entzückens' oder ‚Körper der Verwandlung', der den grobstofflichen oder natürlichen Bereich transzendiert und einschließt, aber nicht auf ihn beschränkt ist." (*Kurze Geschichte*. S. 273). Siehe im Übrigen auch Anm. 34.
[32] Avila, Theresia von: Die innere Burg. Zürich 1979. Aus dem Spanischen von Fritz Vogelsang. Im Folgenden mit „Innere Burg" abgekürzt.
[33] Auf die Quadranten wird im letzten Zitat auch angespielt.
[34] Mit dem Begriff „Kósmos", d. h. genauer mit dem besonderen Akzent auf dem „o" („ó"), wird in der deutschen Übersetzung dem Umstand Rechnung getragen, dass Wilber bei der Welt als Ganzem nicht nur die materielle Welt meint, sondern die Welt mit allen Manifestationen, ob materieller, geistiger oder spiritueller Art etc. (siehe *EKL*. S. 60 f.). Allerdings – wie ich später genauer darstellen werde – reduziert er damit die Welt trotzdem, und zwar auf Vorhandenes.
[35] Zitate sind hier nicht genau ausgewiesen, entstammen aber aus Maharshi, Ramana: Gespräche mit dem Weisen vom Berge *Arunachala*. Interlaken 1984. Aus dem Englischen übersetzt und hrsg. von Erich Wilzbach (siehe *EKL*. S. 378 f.).
[36] Wilber gibt bei dieser Stufe nichts an, was hier schieflaufen könnte.

[37] Wilber versucht in praktischen Übungen, ein Bewusstsein für alle diese drei Körper zu schaffen (siehe meinen Punkt 1.3 und *ILP*. S.127 ff.)

[38] Wilber gibt dabei keine überprüfbare Schrift oder dergleichen als Quelle an.

[39] Wilber gibt von diesem Raster mehrere Variationen an. In *ILP* (S. 122) beschränkt er sich auf die drei Körper grobstofflich, subtil und kausal, in *Integrale Spiritualität* (S. 130) nimmt er zusätzlich als Bewusstseinszustand noch nondual hinzu.

[40] Allgemein beschreibt Wilber diesen Umstand in „Wilber 5" so: Es scheint „mindestens drei oder vier Strukturen/Stufen/Ebenen zu geben, die höher angesiedelt sind als Türkis [bzw. als die höchste Schau-Logik-Stufe; G. K.]. Auch diese Ebenen sind keine präexistierenden, ontologischen oder metaphysischen Ebenen, die es bereits irgendwo gibt, sondern erst zögernde Strukturen, gelegt von hoch entwickelten Seelen, die in neues Gelände vordringen – und diese Strukturen dabei mit erschaffen (d. h., tetra-kreieren)" (*Integrale Spiritualität*. S. 333). Vorher hatte er die gegenwärtigen Hauptstrukturen in Prozentzahlen im Westen angegeben. So sollen mit Überschneidungen 40 % der Bevölkerung *Bernstein*, 50 % *Orange*, 20 % *Grün* und 2 % *Türkis* sein. (Dies widerspricht nicht den Angaben, die er in *Ganzheitlich handeln* macht, weil er dort von der Weltbevölkerung ausgeht; siehe oben.) Für *Indigo* und die darüber hinausreichenden Ebenen gibt er an, dass sich die Zahl ihrer Vertreter, seit vor etwa 1000 Jahren die ersten aufgetreten sind, „bis auf den heutigen Tag [...] wenn überhaupt, auf lediglich einige tausend oder weniger" beläuft (ebd.). Wilber gibt hier auch ein poetisches Bild an, wie man sich Ebenen jenseits von Türkis vorzustellen hat: „Strukturen, die höher sind als Türkis, gleichen den Spuren, die Menschen hinterlassen, wenn sie einen Stock hinter sich herziehen. Sie fangen gerade erst an, kosmische Gewohnheiten in das Universum zu ritzen [...]. Indigo ist vielleicht drei oder vier Zentimeter tief, und Ultraviolett ist lediglich ein dünner Kratzer auf der Haut unseres eigenen, ursprünglichen Gesichts" (ebd. S. 334). Zum Vergleich: *Bernstein* soll danach 500 m, *Orange*

100 m, *Grün* 10 m und *Petrol* und *Türkis* zusammen 1 m tief sein (ebd.). Damit hat – wie oben beschrieben – zumindest *Indigo* schon deutliche Spuren hinterlassen und ist in jedem Fall als angefangene „kosmische Gewohnheit" anzusehen. Dass Wilber das auch so sieht, bezeichnet vor allem der Umstand, dass für ihn zu einem erleuchteten Menschen der Gegenwart gehört, in seiner Stufenentwicklung „mindestens die Höhe von Indigo" erreicht zu haben (siehe dazu *Integrale Spiritualität* S. 335, und meinen Punkt 1.4).

[41] Wilber bezieht sich dabei auf viele andere Forscher:
- Für die kognitive Linie auf Jean Piagets *Das moralische Urteil* oder Robert Kegans *The evolving self* (Cambridge, Massachusetts 1982).
- Für die Werte-Linie auf Clare Graves (siehe dazu Anm. 18).
- Für die emotionale Linie auf Daniel Golemans *Emotionale Intelligenz*.
- Für die spirituelle Linie auf James W. Fowler mit *Stages of faith. The psychology of human development and the quest for meaning* (San Francisco 1981).
- Für weitere Linien siehe *Integrale Spiritualität*. S. 93.

[42] Siehe dazu auch meinen Punkt 1.3.

[43] Allerdings – wie ich unten zeigen werde – verfolgt Wilber damit im Heidegger'schen Sinne nur die Interpretation von Vorhandenem und kommt weder zum Zuhandenen noch zum eigentlichen Sein. Das wird sich als eines seiner großen Probleme in seinem Konzept erweisen.

[44] Zur genaueren Erläuterung dieser Typen siehe *ILP*. S. 109 ff.

[45] Siehe z. B. Wilber, Ken: Einfach „Das". 3. Aufl. Frankfurt/Main 2006. Aus dem Amerikanischen von Clemens Wilhelm. S. 220 ff.

[46] Siehe z. B. *Integrale Spiritualität*. S.174 ff.

[47] Siehe z. B. *EKL*. S 205 ff.

[48] Die Zuordnungen „links" und „rechts" beziehen sich auf Wilbers grafische Darstellung der Quadranten, die ich zur Veranschaulichung auch übernehme.

⁴⁹ Siehe dazu *EKL*. S. 186 ff. Weiter siehe: *Habermas 1988* sowie ders.: Der philosophische Diskurs der Moderne. Frankfurt/Main 1988. Im Folgenden mit „Habermas 1988a" abgekürzt.
⁵⁰ Inwieweit die Perzeption bei der Bildung einer Ebene eine Rolle spielt, dazu habe ich in Wilbers Werk bis jetzt keinen expliziten Anhaltspunkt gefunden. Da Perzeption aber nur die von der Kognition geprägten Es- und Sie-Perspektiven leitet, kann man daraus schließen, dass für sie nichts Weitergehendes zutreffen kann, als was ich schon für die kognitive Fähigkeit bei der Besprechung der Entwicklungslinien geschrieben habe.
⁵¹ Siehe dazu z. B. Husserl, Edmund: Logische Untersuchungen. Hamburg 2009.
⁵² Siehe dazu Anm. 13.
⁵³ Allerdings muss hier berücksichtigt werden, dass – wie bei der Besprechung der Entwicklungslinien dargestellt – die kognitive Fähigkeit nur notwendig, aber nicht hinreichend für die Erreichung einer Ebene ist. Es muss also noch „mehr" für diese Ebene sprechen, was immer dieses „Mehr" ist.
⁵⁴ Siehe dazu z. B. Maturana, Humberto, und Varela, F. J.: Der Baum der Erkenntnis. München 1995. Aus dem Spanischen von Kurt Ludewig.
⁵⁵ Siehe dazu Luhman, Niklas: Soziale Systeme. Frankfurt/Main 1984.
⁵⁶ Weiteres dazu siehe *Integrale Spiritualität*. S. 279, und *ILP*. S. 20.
⁵⁷ Dabei ist es beileibe nicht so, dass Wilber den Begriff „Integrales Betriebssystem" – abgekürzt „IBS" – als Synonym für „integrale Landkarte" nur einmal nebenbei benutzt, sondern er ist ab seinem Buch *Integrale Spiritualität* fester Bestandteil seiner Begrifflichkeit. In seinem nächsten Buch *Integrale Vision* wird er sogar in einem eigenen Abschnitt erklärt (siehe Wilber, Ken: Integrale Vision. Eine kurze Geschichte der integralen Spiritualität. München 2009. Aus dem Amerikanischen von Karin Petersen. S. 19).
⁵⁸ Diese vom „Integral Institute" entwickelte Praxis ist in den beiden Tabellen immer mit einem Asterisk „*" gekennzeichnet.

[59] Siehe zu weiteren Erklärungen unter www.MYILP.com.
[60] Siehe hier zu weiteren Erklärungen neben www.MYILP.com auch www.integraltraining.com.
[61] Den ersten Hinweis auf diese drei Gesichtspunkte gibt Wilber schon vor der Einführung der „AQAL-Matrix" in *Eye to eye. The quest for the new paradigm* (New York 1983).
[62] Kuhn, Thomas S.: Die Struktur wissenschaftlicher Revolutionen. 2. revidierte Aufl. Frankfurt/Main 1976. Aus dem Amerikanischen von Hermann Vetter (revidierte Übersetzung).
[63] Siehe oben bei meinem Punkt 1.1 am Ende der Ebenenerklärung.
[64] Wilber, Ken: Das Wahre, Schöne, Gute. Frankfurt/Main 2002. Aus dem Amerikanischen von Clemens Wilhelm. S. 138. Im Folgenden abgekürzt mit „Das Wahre".
[65] Siehe dazu Popper, Karl: Logik der Forschung. 10. Aufl. Tübingen 1994.
[66] Mir ist darum auch Kuhns Haltung unklar, ob es eine absolute Wahrheit, der man sich wenigstens annähern kann, oder ob es nur relative Wahrheiten gibt. Aber Thomas S. Kuhn und sein Ansatz stehen in diesem Buch auch nur insofern zur Debatte, als sie für Wilbers Konzept relevant sind.
[67] Wilber, Ken: Auszug G. II. Teil. Die Doktrin der zwei Wahrheiten. Aus dem Amerikanischen von Monika Frühwirth und Michael Habecker (http://www.integralworld.net/de/excerpt-G-de.html, 27.6.2010; im Original erstmals 2002 veröffentlicht, und zwar unter http://wilber.shambala.com).
[68] Damit werden sie aber wieder zu Vorhandenem, was ich unten kritisiere; siehe dazu auch *Integrale Spiritualität*. S. 336.
[69] Siehe dazu auch Anm. 40.
[70] Siehe Anm. 13.
[71] So subsumiert er u. a. viele Philosophen und Denker sehr willkürlich unter die jeweiligen Zonen (siehe meinen Punkt 2.3.1).
[72] Wilber, Ken: Mut und Gnade. München 1996. Aus dem Amerikanischen von Jochen Eggert.
[73] Wilber, Ken: Boomeritis. New York 2002.

[74] Siehe dazu Kripke, Saul: Wittgenstein über Regeln und Privatsprache. Frankfurt/Main 1987. Aus dem Amerikanischen von Helmut Pape. Im Folgenden mit „Kripke" abgekürzt.
[75] Ich habe diese Unterscheidung sowie Kripkes Wittgensteindeutung in meinem Buch *Anwenden und Deuten. Kripkes Wittgensteininterpretation und die Goethezeit* (München 1998, im Folgenden mit „Kastenbauer" abgekürzt) ausführlich dargestellt. Darum gebe ich davon hier nur eine Kurzfassung. Wer darüber mehr erfahren möchte, kann also auf diese Darstellung zurückgreifen.
[76] Damit ist Immanuel Kants Werk ab der 1781 erstmals erschienenen *Kritik der reinen Vernunft* (2 Bde. Hrsg. von Wilhelm Weischedel. Frankfurt/Main 1974) gemeint.
[77] Siehe dazu *Integrale Spiritualität*. S. 315 und 337.
[78] Siehe dazu Habermas, Jürgen: Was heißt Universalpragmatik? In: Karl-Otto Apel (Hrsg.): Sprachpragmatik und Philosophie. Frankfurt/Main 1982. S. 174–272.
[79] Mein Begriff „Bewusstseinsphilosophie" ist damit ein anderer als der, den Wilber in Anlehnung an Habermas zur Beschreibung von Haltungen darstellt, die dem „Mythos des Gegebenen" anhängen (siehe *Integrale Spiritualität*. S. 242).
[80] Wittgenstein, Ludwig: Philosophische Untersuchungen. In: ders.: Werkausgabe. Bd 1. Frankfurt/Main 1984. S. 225–621. S. 345/§ 201.
[81] Siehe dazu Stegmüller, Wolfgang: Hauptströmungen der Gegenwartsphilosophie. Bd. 4. Stuttgart 1989. S. 91 f.
[82] Bzw. später nennt er sie „Eksistenz" (siehe z. B. Heidegger, Martin: Brief über den „Humanismus". In: ders.: Wegmarken. Frankfurt/Main 1976. S. 324 ff. Im Folgenden abgekürzt mit „Humanismusbrief").
[83] Das bedeutet für Heidegger weder eine naive noch eine wissenschaftsfeindliche Sichtweise. Sie ist nur ursprünglicher, was aber darum nicht heißt, dass sie sich als wahrer ausgibt, weil für sie – wie ich zeigen werde – das „tertium non datur" auch nicht gilt.

[84] Aber nicht nur das: Ausschlaggebend ist auch, wie das Offenbarmachen überhaupt geschieht.
[85] Heidegger, Martin: Sein und Zeit. 16. Aufl. Tübingen 1986. Im Folgenden mit „SuZ" abgekürzt.
[86] Das Entdeckt-Sein selbst ist davon abhängig, und sekundär und erst ab da kommt das Kriterium der Richtigkeit bzw. der Übereinstimmung von Aussage und Seiendem ins Spiel (siehe *SuZ*. S. 220).
[87] Eine ausführliche Erläuterung zum Daseins-Begriff findet sich bei Figal, Günter: Heidegger zur Einführung. Hamburg 1992. S. 38 ff. Im Folgenden mit „Figal" abgekürzt.
[88] Explizite Aussagen zum „tertium non datur" bzw. „Satz vom Widerspruch" finden sich z. B. in Heideggers *Kant und das Problem der Metaphysik* (2. Aufl. Frankfurt/Main 1951. S. 176 f.). Dort macht er in Kants Begriffen deutlich: Das transzendentale Ich als Einbildungskraft ist das Bildende der Zeit und damit vor dem Satz vom Widerspruch, der nicht-zeitlich ist (siehe dazu auch *Kastenbauer*. S. 52).
[89] Zur Bedeutung des Begriffs „Destruktion" bei Heidegger siehe *SuZ*. S. 19 ff.
[90] So ist auch nur der zweite von geplanten drei und ausgeführten zwei Abschnitten dieses Buchs mit „Dasein und Zeitlichkeit" überschrieben (*SuZ*. S. 231).
[91] Das veranschaulicht vor allem Günter Figal sehr gut (*Figal*. S. 51 ff.).
[92] Sartre, Jean Paul: Sein und Nichts. Reinbek bei Hamburg 1994. Aus dem Französischen von Hans Schöneberg.
[93] *Humanismusbrief*. S. 328 f. und 334.
[94] Allerdings beinhaltet dieser Ansatz auch hermeneutische Züge. Für Figal geht bei Heidegger allerdings Phänomenologie in Hermeneutik über, d. h. beides bedeutet für ihn dasselbe (*Figal*. S. 45).
[95] Heidegger Martin: Vom Wesen der Wahrheit. In: ders.: Wegmarken. Frankfurt/Main 1976. S. 73–97. Im Folgenden abgekürzt mit „Wahrheit".
[96] Siehe dazu *Figal*. S. 102.

[97] In *Sein und Zeit* sprach er sogar von einem „Raub" (*SuZ*. S. 222).
[98] Heidegger unterscheidet im Gegensatz zu mir Existenz des Daseins und Selbst nicht. Für mich ist Selbst – wie für Wilber – ein die Existenz weit überschreitendes Sein. Diese Unterscheidung schafft für mich gerade die Möglichkeit, Heideggers zwei vorgegebene Richtungen zu verbinden. Denn Heideggers *Sein und Zeit*-Philosophie ist mit seiner Spätphilosophie nicht schlichtweg abgetan, sondern Letztere ergänzt die Erstere. Es ist dabei allerdings wichtig, die Unterscheidung zwischen Selbst und Existenz des Daseins zu treffen.
[99] Siehe dazu Heidegger, Martin: Erläuterungen zu Hölderlin. Hrsg. von F.-W. von Herrmann. Frankfurt/Main 1981. Und ders.: Unterwegs zur Sprache. Tübingen 1959.
[100] Siehe dazu Heidegger, Martin: Der Ursprung des Kunstwerkes. Stuttgart 1960. Im Folgenden mit „Ursprung" abgekürzt.
[101] Siehe z. B. in Heidegger, Martin: Zur Seinsfrage. 4. durchgesehene Aufl. Frankfurt/Main 1977.
[102] Siehe dazu meinen Punkt 1.2.5.
[103] Auch wenn er für die Es- und Sie-Quadranten die Perzeption für gültig erklärt und damit wieder trennt; siehe *Kurze Geschichte*. S. 124 ff.
[104] Siehe Frank, Manfred: Die Grenzen der Verständigung. Ein Geistergespräch zwischen Lyotard und Habermas. Frankfurt/Main 1988. S. 48/Fußnote.
[105] Siehe z. B. *Habermas 1988a*. S. 191 ff., und *Kurze Geschichte*. S. 136.
[106] In diesem Kontext ist auch zu sehen, dass für Heidegger das Wesen der Technik nichts Technisches bzw. Wissenschaftliches ist, sondern der Ursprung dieses Wesens andere Wurzeln hat. Allerdings eröffnet hier Heidegger im Rahmen seiner Spätphilosophie auch noch andere Kontexte, die mit seinem Begriff „Gestell" innerhalb seiner Metaphysik-Kritik liegen (siehe dazu *Figal*. S. 173 ff.).

[107] Dabei ist es jedoch schwierig, dieses ursprüngliche Holon zu rekonstruieren, weil es in sehr viele Kontexte verwoben ist (siehe dazu *Das Wahre*. S. 177 ff.).
[108] Schapiro, Meyer: Theory and Philosophy of Art. New York 1994. S. 135–151.
[109] Indem er z. B. auf „Geburt", „Tod" und „Erde" verweist (*Ursprung*. S. 27 f.).
[110] Siehe dazu Batchen, Geoffrey: Van Goghs Schuhe. Ein Streitgespräch. Leipzig 2009. Aus dem Amerikanischen von Kurt Rehkopf. S. 32. Im Folgenden mit „Batchen" abgekürzt.
[111] Siehe dazu Derrida, Jacques: Restitutionen von der Wahrheit nach Maß. In: Peter Engelmann (Hrsg.): Die Wahrheit in der Malerei. Wien 1992. Aus dem Französischen von Michael Wetzel. S. 301–442. Grundsätzlich muss man bei einer Kritik an Heidegger Folgendes beachten: Zwar trifft Habermas' pointierte Darstellung „den Nagel auf den Kopf", wenn er schreibt: Heideggers „‚wesentliche[s] Denken' verweigert sich allen empirischen und normativen Fragen, die mit sozialwissenschaftlichen und historischen Mitteln bearbeitet oder überhaupt in argumentativer Form behandelt werden können" (*Habermas 1988a*. S. 167). Aber man muss aufpassen, dass man diese Kritik nicht in der Wilber'schen *Stoßrichtung* liest. Denn Heidegger hat gute Gründe für diese *Verweigerung*, weil Sozialwissenschaften und Historie in seinen Augen nur Vorhandenes aufgreifen und letztlich in keiner Weise zum Sein vorstoßen. Darum sollte man sich zusätzlich vor Augen führen, was Rüdiger Safranski in diesem Zusammenhang formuliert, nämlich „wie gut er [Heidegger; G. K] es versteht, als Hauptdarsteller in einem seinsgeschichtlichem Drama sich selbst aus dem Wege zu gehen" (Safranski, Rüdiger: Ein Meister aus Deutschland. Heidegger und seine Zeit. Frankfurt/Main 1998. S. 351). Denn Safranski spricht hier nicht nur Vorhandenes, sondern auch Zuhandenes an. So hat Heidegger selbst sein Engagement im Nationalsozialismus nie konkret aufgearbeitet, sondern es vielmehr in seinsgeschichtliche Dimensionen gestellt und dadurch durch *Verwesentlichung* verdrängt (siehe dazu ebd. S. 350 ff.).

[112] Derridas Aufsatz ist als *Polylog* aufgebaut, in dem er in einem verschachtelten Gespräch Heidegger und Schapiro, aber auch andere, mit mehrfachen Unterbrechungen aufeinandertreffen lässt. Er stellt sich dabei zwar auf die Seite des Philosophen, was aber nicht heißt, dass er Heidegger grundsätzlich recht gibt, da auch der z. B. die Mehrdeutigkeit des Gemäldes verkennt (siehe letzte Anm.). Es ist immer schwer, einen Text Derridas zusammenzufassen, da er sich in der Art und Weise, wie er geschrieben ist, dagegen sperrt. Es geht darin jedenfalls um die Infragestellung wichtiger Oppositionspaare (Frau – Mann, Bäuerin – Städter). Darüber hinaus befasst sich der Autor mit dem Problem, was ein Bild überhaupt wiedergibt bzw. wiedergeben kann. Dabei legt er großen Wert darauf, der Richtung dieser Wiedergabe nachzuspüren. So fragt er, ob diese Wiedergabe, ausgehend von einer außerbildlichen Wirklichkeit, in Richtung der Innerbildlichkeit oder umgekehrt verläuft. Oder er beschäftigt sich damit, was hier als Ursprung dieses Wiedergebens gedacht werden kann. Abschließende Antworten sind von Derrida naturgemäß nicht zu erwarten, er beharrt eher darauf, Unentscheidbarkeiten herauszustellen. Konkret auf Heidegger bezogen, setzt er sich in der Problematisierung von dessen Zeug-Begriff in der Malerei mit Wahrheit auseinander. Für Derrida offenbaren sich dabei die Grenzen der Philosophie: Philosophie kann nicht mehr eine einzige Wahrheit über die Malerei als allein mögliche ausgeben. Inwieweit so Heideggers Auffassung von einer nichtdualistischen Wahrheit im Seinlassen gestützt wird, bleibt die große Frage.
[113] Kastenbauer, Georg: Gut- und Bösesein. München 2008. S. 13.
[114] In gewisser Weise hat das natürlich auch mit der Lebensform zu tun und kann als spontane Übereinstimmung im Sinn von Kripkes Wittgensteindeutung gesehen werden. Allerdings ist das auch eine Interpretation. Außerdem ist absichtsloses Wissen bei weitem nicht auf die Kommunikation beschränkt, obwohl es dort, z. B. bei Streitgesprächen, spontan auftritt.

[115] Letzteres implizieren die Linienunregelmäßigkeiten bei den Entwicklungen sowieso. Mit anderen Worten: Diese Unregelmäßigkeiten dekonstruieren eindeutige Ebenen; siehe *ILP* S. 83 f.

[116] Siehe dazu Watkins, J. G., und Watkins H.: Ego States Theory and Therapy. New York u. a. 1997. Sowie Peichl, Jochen: Innere Kinder, Täter, Helfer & Co. Ego-State-Therapie des traumatisierten Selbst. Stuttgart 2007.

[117] Siehe dazu McKenna, Jed: Verflixte Erleuchtung. 3. Aufl. Winterthur 2009. Aus dem Amerikanischen von Oliver Fehn.

[118] Siehe dazu Suzuki, Daisetz T.: Mushin. Die Zen-Lehre vom Nicht-Bewusstsein. 2. Aufl. Weilheim/Obb. 1996. Aus dem Englischen von Emma von Pelet.

[119] Siehe dazu Metzinger, Thomas: Der Egotunnel. 7. Aufl. Berlin 2009. Aus dem Englischen von Thomas Metzinger und Thorsten Schmidt.

[120] Eine Schwäche ist z. B. der Ich-Begriff. So wird z. B. in der EGO-State-Therapie nichts das Ich Übergreifendes angenommen, also nichts, was mit dem Selbst in Beziehung gesetzt werden kann. So kann das Ich danach auch nicht überschritten werden.

[121] Bacon, Francis: Novum Organum. Bd. VIII. In: The Works of Francis Bacon. Hrsg. von J. Spedding u. a. New York 1869. S. 210 (Zitatübersetzung von Hermann Vetter).

[122] Siehe das Theresa-von-Avila-Zitat oben und *Integrale Spiritualität*. S. 208 ff.

Bibliografie

Hinweis: Abgekürzte Literaturangaben sind jeweils in Klammern hinter der vollständigen Literaturangabe zu ersehen.

Avila, Theresia von: Die innere Burg. Zürich 1979. Aus dem Spanischen von Fritz Vogelsang (Abk.: *Innere Burg*).
Bacon, Francis: Novum Organum. Bd. VIII. In: The Works of Francis Bacon. Hrsg. von J. Spedding u. a. New York 1869.
Batchen, Geoffrey: Van Goghs Schuhe. Ein Streitgespräch. Leipzig 2009. Aus dem Amerikanischen von Kurt Rehkopf (Abk.: *Batchen*).
Beck, Don Edward u. a.: Spiral Dynamics – Leadership, Werte und Wandel: Eine Landkarte für das Business, Politik und Gesellschaft im 21. Jahrhundert. Bielefeld 2007. Aus dem Amerikanischen von Carl Polonyi.
Broughton, John M: Critical theories of psychological development. New York u. a. 1987.
Derrida, Jacques: Restitutionen von der Wahrheit nach Maß. In: Peter Engelmann (Hrsg.): Die Wahrheit in der Malerei. Wien 1992. Aus dem Französischen von Michael Wetzel. S. 301–442.
Emerson, Ralph Waldo: Selected Prose and Poetry. 2. Aufl. Hrsg. v. Reginald Cook. San Francisco 1969.
Figal, Günter: Heidegger zur Einführung. Hamburg 1992 (Abk.: *Figal*).
Fowler, James: Stages of faith. The psychology of human development and the quest for meaning. San Francisco 1981.
Frank, Manfred: Die Grenzen der Verständigung. Ein Geistergespräch zwischen Lyotard und Habermas. Frankfurt/Main 1988.
Gebser, Jean: Ursprung und Gegenwart. Gesamtausgabe Bde. 2–4. 2. Aufl. Schaffhausen 1999.
Goleman, Daniel: Emotionale Intelligenz. München 1997. Aus dem Amerikanischen von Friedrich Griese (Abk.: *Emotionale Intelligenz*).

Habecker, Michael: Ken Wilber – die integrale (R)EVOLUTION. 2. überarbeitete und erweiterte Auflage. Frankfurt/Main 2007 (Abk.: *Habecker*).
Habermas, Jürgen: Der philosophische Diskurs der Moderne. Frankfurt/Main 1988 (Abk.: *Habermas 1988a*).
Ders.: Theorie des kommunikativen Handelns. 2 Bde. Frankfurt/Main 1988 (Abk.: *Habermas 1988*).
Ders.: Was heißt Universalpragmatik? In: Karl-Otto Apel (Hrsg.): Sprachpragmatik und Philosophie. Frankfurt/Main 1982. S. 174-272.
Heidegger, Martin: Brief über den „Humanismus". In: ders.: Wegmarken. Frankfurt/Main 1976. S. 313–364 (Abk.: *Humanismusbrief*).
Ders.: Der Ursprung des Kunstwerkes. Stuttgart 1960 (Abk.: *Ursprung*).
Ders.: Erläuterungen zu Hölderlin. Hrsg. von F.-W. von Herrmann. Frankfurt/Main 1981.
Ders.: Kant und das Problem der Metaphysik. 2. Aufl. Frankfurt/Main 1951.
Ders.: Sein und Zeit. 16. Aufl. Tübingen 1986 (Abk.: *SuZ*).
Ders.: Unterwegs zur Sprache. Tübingen 1959.
Ders.: Vom Wesen der Wahrheit. In: ders.: Wegmarken. Frankfurt/Main 1976. S. 73–97 (Abk.: *Wahrheit*).
Ders.: Zur Seinsfrage. 4. durchgesehene Aufl. Frankfurt/Main 1977.
Husserl, Edmund: Logische Untersuchungen. Hamburg 2009.
Kant, Immanuel: Kritik der reinen Vernunft. 2 Bde. Hrsg. von Wilhelm Weischedel. Frankfurt/Main 1974.
Kastenbauer, Georg: Anwenden und Deuten. Kripkes Wittgensteininterpretation und die Goethezeit. München 1998 (Abk.: *Kastenbauer*).
Ders.: Gut- und Bösesein. München 2008.
Kegan, Robert: The evolving self. Cambridge, Massachusetts 1982.
Koestler, Arthur: Das Gespenst in der Maschine. 2. Aufl. Wien u. a. 1968. Aus dem Englischen von Wolfram Wagmuth.

Kripke, Saul: Wittgenstein über Regeln und Privatsprache. Frankfurt/Main 1987. Aus dem Amerikanischen von Helmut Pape (Abk.: *Kripke*).
Kuhn, Thomas S.: Die Struktur wissenschaftlicher Revolutionen. 2. revidierte Aufl. Frankfurt/Main 1976. Aus dem Amerikanischen von Hermann Vetter (revidierte Übersetzung).
Lovejoy, Arthur O.: Die große Kette der Wesen. Frankfurt/Main 1993. Aus dem Amerikanischen von Dieter Turck (Abk.: *Lovejoy*).
Luhman, Niklas: Soziale Systeme. Frankfurt/Main 1984.
Maharshi, Ramana: Gespräche mit dem Weisen vom Berge *Arunachala*. Interlaken 1984. Aus dem Englischen von und hrsg. von Erich Wilzbach.
Mahler, Margaret u. a.: Die psychische Geburt des Menschen. Frankfurt/Main 1978. Aus dem Amerikanischen von Hilde Weller.
Maturana, Humberto, und Varela, F. J.: Der Baum der Erkenntnis. München 1995. Aus dem Spanischen von Kurt Ludewig.
McKenna, Jed: Jed McKenna's Notebook. Iowa City 2010.
Ders.: Sprituelle Dissonanz. Aachen 2008. Aus dem Amerikanischen von Oliver Fehn.
Ders.: Sprituell unkorrekte Erleuchtung. 2. Aufl. Aachen 2007. Aus dem Amerikanischen von Oliver Fehn.
Ders.: Verflixte Erleuchtung. 3. Aufl. Winterthur 2009. Aus dem Amerikanischen von Oliver Fehn.
Messinger, Heinz, und Rüdenberg, Werner: Langenscheidts Großes Schulwörterbuch Englisch – Deutsch. 7. Aufl. Berlin u. a. 1982.
Metzinger, Thomas: Der Egotunnel. 7. Aufl. Berlin 2009. Aus dem Englischen von Thomas Metzinger und Thorsten Schmidt.
Peichl, Jochen: Innere Kinder, Täter, Helfer & Co. Ego-State-Therapie des traumatisierten Selbst. Stuttgart 2007.
Piaget, Jean: Das moralische Urteil beim Kinde. Zürich 1954. Aus dem Französischen von Lucien Goldmann (Abk.: *Das moralische Urteil*).
Popper, Karl: Logik der Forschung. 10. Aufl. Tübingen 1994.

Safranski, Rüdiger: Ein Meister aus Deutschland. Heidegger und seine Zeit. Frankfurt/Main 1998.
Sartre, Jean Paul: Sein und Nichts. Reinbek bei Hamburg 1994. Aus dem Französischen von Hans Schöneberg.
Schapiro, Meyer: Theory and Philosophy of Art. New York 1994. S. 135–151.
Stegmüller, Wolfgang: Hauptströmungen der Gegenwartsphilosophie. Bd. 4. Stuttgart 1989.
Suzuki, Daisetz T.: Die große Befreiung. 6. Aufl. Weilheim/Obb. 1972. Aus dem Englischen von Felix Schottlaender.
Ders.: Mushin. Die Zen-Lehre vom Nicht-Bewusstsein. 2. Aufl. Weilheim/Obb. 1996. Aus dem Englischen von Emma von Pelet.
Visser, Frank: Ken Wilber – Denker aus Passion. Petersberg 2002. Aus dem Niederländischen von Rolf Remers.
Watkins, J. G., und Watkins, H.: Ego States Theory and Therapy. New York u. a. 1997.
Wilber, Ken: Auszug G. II. Teil. Die Doktrin der zwei Wahrheiten. Aus dem Amerikanischen von Monika Frühwirth und Michael Habecker (http://www.integralworld.net/de/excerpt-G-de.html, 27.6.2010; im Original erstmals 2002 veröffentlicht, und zwar unter http://wilber.shambala.com).
Ders.: Boomeritis. New York 2002.
Ders.: Das Wahre, Schöne, Gute. Frankfurt/Main 2002. Aus dem Amerikanischen von Clemens Wilhelm (Abk.: *Das Wahre*).
Ders.: Eine kurze Geschichte des Kosmos. Frankfurt/Main 1997. Aus dem Amerikanischen von Stephan Schumacher (Abk.: *Kurze Geschichte*).
Ders.: Einfach „Das". 3. Aufl. Frankfurt/Main 2006. Aus dem Amerikanischen von Clemens Wilhelm.
Ders.: Eros, Kosmos, Logos. 3. Aufl. Frankfurt/Main 2002. Aus dem Amerikanischen von Jochen Eggert (Abk.: *EKL*).
Ders.: Eye to eye. The Quest for the new paradigm. New York 1983.
Ders.: Ganzheitlich handeln. Freiamt 2001. Aus dem Amerikanischen von Stephan Schumacher (Abk.: *Ganzheitlich handeln*).

Ders.: Integrale Spiritualität. München 2007. Aus dem Amerikanischen von Karin Petersen (Abk.: *Integrale Spiritualität*).
Ders.: Integrale Vision. Eine kurze Geschichte der integralen Spiritualität. München 2009. Aus dem Amerikanischen von Karin Petersen.
Ders.: Mut und Gnade. München 1996. Aus dem Amerikanischen von Jochen Eggert.
Ders.: The spectrum of consciousness. Wheaton 1977 (Deutsch: Das Spektrum des Bewusstseins. Bern u. a. 1987. Aus dem Amerikanischen von Jochen Eggert).
Ders. u. a.: Integral Life Practice. Boston u. a. 2008 (Abk.: *ILP*).
Wittgenstein, Ludwig: Philosophische Untersuchungen. In: ders.: Werkausgabe. Bd. 1. Frankfurt/Main 1984. S. 225–621.